SPRACHE

Wolfgang Illauer
Hans Krieger
Reiner Kunze
Peter Horst Neumann
Herbert Rosendorfer
Albert von Schirnding

Illustrationen von
Paul Flora

Deutsch. Eine Sprache wird beschädigt

Zur neuen Rechtschreibung. Eine Diskussion, eine Bilanz und ein «Kompromiss»

Bayerische Akademie der Schönen Künste
Oreos Verlag

Herausgegeben von der
Bayerischen Akademie der Schönen Künste
in Zusammenarbeit mit der
Forschungsgruppe Deutsche Sprache e.V. (FDS)

Redaktion: Oswald Georg Bauer
Mitarbeit: Dorothea Heiser

Gedruckt mit Unterstützung der
Friedrich-Baur-Stiftung, Burgkunstadt

Inhalt

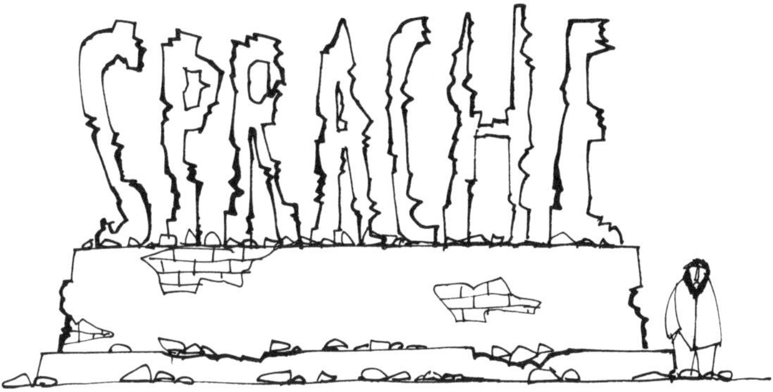

Lesung
und Podiumsdiskussion

Leitung
ALBERT VON SCHIRNDING

Diskussionsteilnehmer
WOLFGANG ILLAUER, HANS KRIEGER,
REINER KUNZE, PETER HORST NEUMANN,
HERBERT ROSENDORFER

Meine Damen und Herren,
Ihr überaus zahlreiches Erscheinen ist eigentlich schon ein Argument. Natürlich ein Argument gegen die Reform, um die es heute abend geht. Ihre Anwesenheit ist auch ein Argument dafür, daß der Prozeß der Reform trotz des Karlsruher Urteils vom 14. Juli 1998 noch nicht abgeschlossen ist. Was in gewisser Weise abgeschlossen ist, das ist die Pro-und-Contra-Situation. Nach der Meinung der Kultusminister war die Diskussion, der «demokratische Entscheidungsprozeß», wie es zynischerweise heißt, ja schon 1996 abgeschlossen. Aber damals, vor dem Erscheinen der Wörterbücher, die dann mit so erstaunlicher Schnelligkeit in den Buchhandlungen lagen, war es noch gar nicht möglich, sich ein Bild von dem zu machen, was diese sogenannte Reform eigentlich bedeutete. Unsere Akademie hat schon im Oktober 1996 eine Erklärung veröffentlicht, die an Deutlichkeit der Ablehnung nichts zu wünschen übrigließ. Sie hat also im Streit um die Reform von Anfang an Partei ergriffen, und sie bekennt sich auch dazu, «Partei» zu sein. Am 3. Juni 1997 hatten wir einen der profiliertesten Kritiker der Reform, den Sprachwissenschaftler Theodor Ickler, zu einem Vortrag eingeladen, der

die Widersprüche, die krassen Fehler und schwerwiegenden Verstöße gegen den Geist und die Entwicklungsrichtung der deutschen Sprache unserem Publikum vor Augen führte. Und jetzt liefert uns das Erscheinen der Denkschrift unseres Mitglieds Reiner Kunze die hochwillkommene Gelegenheit, im Rahmen der mittlerweile von der Akademie ins Leben gerufenen Diskussionsreihe «Forum des Monats» das Thema nochmals aufzugreifen. Reiner Kunze wird zunächst aus dieser Schrift mit dem Titel «Die Aura der Wörter» lesen.

«Die Aura der Wörter»[1]. Der Schrift ist eine Verszeile von Jorge Luis Borges vorangestellt:

> *«Du, deutsche Sprache, bist*
> *dein eignes Meisterwerk.»*

Für den ersten Text bitte ich diejenigen um Entschuldigung, die der Erinnerung an die dargelegten Sachverhalte nicht bedürften.

Etwas «richtig zu stellen», heißt, es richtig zu positionieren, etwas «richtigzustellen», es zu korrigieren. Auch eine Aufgabe kann richtig gestellt und richtiggestellt werden. Gelesen wie gehört ist das, was gemeint ist, in jedem Fall eindeutig – gelesen, weil die Wörter «richtig» und «stellen» in der Bedeutung von «richtig positionieren» auseinander-, in der Bedeutung von «korrigieren» zusammengeschrieben sind, und gehört, weil das Wort, das durch Zusammenschreiben entstanden ist, anders betont wird als die getrennt geschriebenen Wörter («richtigstellen» auf der ersten Silbe, die Einzelwörter «richtig stellen»

[1] Der nachfolgende Auszug wurde mit freundlicher Genehmigung des Radius-Verlags (Stuttgart) entnommen aus dem Buch von Reiner Kunze «Die Aura der Wörter. Denkschrift», 2002. 3. Auflage 2003. 60 Seiten. Hardcover. 16 Euro (ISBN 3-87173-243-5)

jedes für sich). Würde verfügt werden, die beiden Wörter nur noch getrennt zu schreiben, wäre es nicht mehr möglich, ohne weiteres zwischen den Bedeutungen zu unterscheiden, und die Wörter verlören einen Teil ihres Ausdrucks- und Verständigungswertes. Wo sich im Geschriebenen nicht mehr auseinanderhalten ließe, was mündlich auseinandergehalten wird, bestünde außerdem die Gefahr, beim Vorlesen sinnwidrig zu betonen.

Beträfe die Getrenntschreibung alle zusammengeschriebenen Wörter dieser und ähnlicher Art, ginge der Verlust an Verständigungsmöglichkeiten in die Hunderte, und mindestens das Doppelte an Wörtern könnte für bestimmte eindeutige Aussagen nicht mehr verwendet werden, was einer teilweisen sprachlichen Enteignung gleichkäme.

Eine «Handvoll» bedeutet eine betont kleine Menge, eine «Hand voll» dagegen eine Hand, voll von etwas. Ein Zusammenschreibverbot würde Wörter wie «Handvoll» aus der geschriebenen Sprache eliminieren und es künftig unmöglich machen, ähnlich zusammengesetzte Wörter zu bilden (eine der Wortquellen im Deutschen, um die wir beneidet werden).

Wie «nachschauen gehen» schrieb man auch «spazierengehen» vor hundert Jahren noch getrennt, heute schreibt man es zusammen. Wer nachschauen geht, begibt sich an einen anderen Ort, um nachzuschauen, wer spazierengeht, geht nicht, um zu spazieren, sondern bewegt sich auf eine bestimmte Art und Weise fort. «Spazierengehen» steht für einen körperlich-seelischen Akt, der als *Eines* gedacht und empfunden wird, weshalb man das Wort immer öfter zusammengeschrieben haben dürfte, während in dem Absichtsgefüge «zu gehen, um nachzuschauen» – einem Geschehen aus zwei selbständigen Handlungen – die beiden Wörter selbständig blieben. Ähnlich erklärt es sich, daß wir «lesen lernen» oder «freundlich bleiben» auseinander-, «kennenlernen» oder «übrigbleiben» jedoch zusammenschreiben – wir lernen das Lesen, nicht aber das Kennen, und wer freundlich bleibt, war zuvor schon freundlich, wer übrigbleibt, war vorher nicht übrig. Die Schreibweise hat sich dem Sinn der Wörter und der ihnen innewohnenden Logik mehr und mehr angeschmiegt, und es ergab sich eine immer vollkommenere Übereinstimmung von Begriffsinhalt und Schriftform. Der Duden vollzog die Entwicklung nach, und heute ist das hohe Niveau der geschriebenen Sprache, unterschiedlich beherrscht, mehr oder weniger Gemeingut. Zu dekretieren, die zusammengeschriebenen Wörter seien wieder getrennt zu schreiben, hieße zu ignorieren, was eine Gemeinschaft von fast hundert Millionen Menschen in hundert Jahren an Sprachgefühl entwickelt und an Sprachintelligenz investiert hat.

Für jeden dieser Eingriffe würde gelten, daß er die Entwicklungs*richtung* der Sprache umkehrt – vom Hochentwickelten zum Primitiveren, vom Unmißverständlichen zum Mißverständlicheren, vom Feinen zum Gröberen.

Diesen und anderen Schaden der Sprache zuzufügen, haben jedoch die sechzehn Kultusministerinnen und Kultusminister der Bundesrepublik Deutschland beschlossen, und eher – so scheint es – errötet darüber ein Buch als eine oder einer von ihnen.

Wer das Niveau der geschriebenen Sprache senkt, senkt das Niveau der Schreibenden, Lesenden und Sprechenden.

«Es war ein intellektueller Vorzug der radikalen Rechtschreibreformer der sechziger, siebziger Jahre, dass sie keine Sprachpflege im Sinn hatten», erklärte ein Reformverteidiger an herausgehobener publizistischer Stelle. «Sie wollten zunächst nicht die Orthografie, sondern die Gesellschaft verändern; die Orthografie war ihnen nur Mittel zum Zweck. Das Seltsame an der gegenwärtigen Debatte ist, dass dieses Ziel so gründlich vergessen wurde, dass selbst ehemals Linke … die Reform bekämpfen. Sie scheinen nicht zu wissen, dass es einmal um den Klassenkampf in den Schulen ging, sondern sehen heute im Gegenteil eine Obrigkeit am Werk, deren Festhalten an der Reform, so Grass, ‹unserer mühsam erlernten demokratischen Verhaltensweise› widerspreche. Sollte die Rechtschreibreform doch noch scheitern, dann wäre das letzte große Projekt zu Fall gebracht, das uns aus der Aufbruchstimmung der 70er Jahre geblieben ist.»

Darum ging es. Jahrzehnte nach Proklamierung der Absicht, die «Herrschaftssprache» zu «deregulieren», wollte man endlich ans Ziel gelangen. Die Kultusminister ermöglichten es.

Man ist angekommen auf dem Marsch durch die Institutionen, sie sind in beachtlichem Ausmaß erobert – das Lehramt, der Lehrstuhl, die Redaktion, die Kommission, das Ministerium. Und mancher scheint mitmarschiert zu sein, ohne es bemerkt zu haben. Ein Kultusminister sagte vor dem Deutschen Bundestag: «Nicht um die Neuregelung der Rechtschreibung geht es in Wahrheit. Es geht um die Frage, ob diese Gesellschaft veränderungsfähig und veränderungswillig ist … (W)as soll … erst geschehen, wenn es wirklich ernst wird mit Veränderungen in Deutschland?»

Der Vogel, der das Schreibei der Demokratie ins Nest legte, heißt *Klassenkampf*. Und sie hat es ausgebrütet und füttert und füttert …

Ein Sprachwissenschaftler der Johannes-Gutenberg-Universität Mainz wies nach, daß die Behauptung, die Rechtschreibregeln seien von 212 auf 112 verringert worden, nicht den Tatsachen entspricht. Den 112 amtlichen Regeln könne man nur dann gerecht werden, schrieb er, wenn man 1106 Ausnahmebestimmungen berücksichtigte, in denen 105 Wortlisten (Ausnahmen von den Regeln) mit zusammen 1180 auswendig zu lernenden oder nachzuschlagenden Wörtern enthalten sind. Die neuen Regeln bedeuteten nicht nur keine Lernerleichterung, sondern sie anzuwenden hänge mehr denn je vom Bildungsgrad des Schreibenden ab.

In einem internen Papier der Duden-Redaktion wurde daraufhin erklärt: «Die inhaltlich falsche, aber politisch wirksame Formel ‹aus 212 mach 112› muß auch im Duden ihren angemessenen Ausdruck finden.»

Wie die Sache, so das Instrumentarium, sie durchzusetzen.

Rechtschreibregeln haben dazu beizutragen, daß das, was es schriftlich auszudrücken gilt, hochdifferenziert, eindeutig, sofort verständlich und vielgestaltig ausgedrückt werden kann. Für ihre inhaltliche Beschaffenheit kann das Leistungsvermögen von Personen und Personengruppen kein Kriterium sein. Orientierungspunkt ist allein der jeweilige Entwicklungsstand der Sprache. Regeln, die ihm nicht mehr gerecht werden, müssen angeglichen oder außer Kraft gesetzt werden. Regeln einzuführen, die das Gegenteil dessen bewirken, was Rechtschreibung zu leisten hat, verbietet sich.

Im Interesse der Menschen wäre es, für die leistungsfähigste Sprache die leistungsfähigsten Rechtschreibregeln zu fordern, jeden zu fördern, der sich bemüht, sie sich anzueignen, und niemanden zu benachteiligen, weil er sie unvollkommener beherrscht als andere (es sei denn, die Arbeitsstelle, um die er sich bewirbt, setzt ein bestimmtes Maß an Rechtschreibkenntnissen voraus).

Um Verständnis werbend für den «klassenkämpferischen Impetus» der früheren Verfechter einer Rechtschreibreform, machte einer ihrer heutigen Anwälte «ideologische Gründe» geltend. Er schrieb: «Vor allem Arbeiterkindern sollte der Zugang zu höheren Schulen ermöglicht werden; die Spitzfindigkeiten der alten Schreibung erschienen wie eine Hürde auf dem Weg des sozialen Aufstiegs, die von der Bourgeoisie listig errichtet worden war.»

Ich komme aus einer Arbeiterfamilie, doch erfuhr ich erst jetzt, also mit fast 70 Jahren, daß uns Arbeiterkindern die «Spitzfindigkeiten der alten Schreibung» wie eine Hürde erschienen seien. Keinem von uns wäre der Gedanke gekommen, unserer Unterprivilegiertheit wegen – wir hatten es tatsächlich schwerer als manche anderen – die Rücknahme von hundert Jahren Sprachentwicklung zu fordern. Den sozialen Status von Arbeiterkindern als Vorwand für diese kulturelle Regression zu mißbrauchen, scheint das Privileg einer intellektuellen Minderheit zu sein, die sich als Vorhut und Vormund versteht.

Wir aber sind mündig und haben die *Partei neuen Typs,* die *Vorhut der Massen,* schon hinter uns.

Ein Ministerpräsident, den ich nach seiner Meinung über die Rechtschreibreform fragte, sagte mit sympathischer Offenheit: «Herr Kunze, ich habe keine Ahnung, worum es da geht!» Diese

Äußerung könnte bezeugt werden, wobei die Zeugin jedoch als befangen gelten würde, denn ich bin mit ihr verheiratet.

Wenige Tage später ließ unser Gesprächspartner vor den Mikrophonen der Ministerpräsidentenkonferenz keinen Zweifel daran, daß die von den Kultusministern beschlossene Rechtschreibreform allen Einwänden standhalte.

Wer vom Staat getragen wird, der trägt den Staat.

Am 26. März 1998 rief die Vizepräsidentin des Deutschen Bundestages den Tagesordnungspunkt «Rechtschreibung in der Bundesrepublik Deutschland» auf. Nach einer interfraktionellen Übereinkunft hatte man für ihn 30 Minuten vorgesehen, und von 672 Abgeordneten waren während der Aussprache etwa 50 anwesend.

Die Sprache ist die Kaiserin, die tatsächlich keine Parteien kennt. Was Wunder, wenn fast keine Partei Partei für sie ergreift.

In der Bundestagsdebatte über die Rechtschreibung fragten Abgeordnete sinngemäß, ob wir in Deutschland denn keine anderen Sorgen hätten, und der stellvertretende Vorsitzende der Kultusministerkonferenz pflichtete ihnen bei. Einer seiner Amtskollegen hatte die Frage bereits außerhalb des Hohen Hauses gestellt. Statt den Fragern beizupflichten oder die Frage selbst zu stellen, wäre es das Amt des *Kultus*ministers gewesen zu antworten: Eben weil wir andere Sorge haben, muß die Sprache eine unserer ersten Sorgen sein.

Niemand wird es dem Zimmermann verdenken, daß er auf die Schneide seines Handbeils achtgibt. Der Schriftsteller aber, dessen Werkzeug die Sprache ist, wird mit Hohn bedacht, wenn er sich dagegen verwahrt, daß man der Schneide seines Werkzeugs eine Unzahl von Scharten beibringt. Ein Kultusminister sprach von der «Blüte der deutschen Literaturszene», der «in Sachen Rechtschreibung zu einem späten Pfingsterlebnis» verholfen worden sei. Vor dem Deutschen Bundestag unterstellte einer seiner Amtskollegen den Schriftstellern «mystische und irrationale Argumente», die «in Deutschland … in hohem Ansehen» stünden, wofür er von einer Abgeordneten der PDS demonstrativen Beifall erhielt, und ein dritter ließ einen Schriftsteller über die Presse wissen, er solle lieber weiter gute Texte schreiben, «anstatt sich mit der nebensächlichsten Sache der Welt, der Rechtschreibreform, zu befassen». (Man beachte: Ein *Kultus*minister nennt Eingriffe in die Sprache, die unter anderem das Verschwinden von fast tausend differenzierenden Schreibungen und zahlreichen Wörtern bedeuten, die nebensächlichste Sache der Welt und empfiehlt einem *Schriftsteller,* keine Notiz davon zu nehmen.)

Schlimm, wenn jemand das letzte Wort, aber kein Verhältnis zur Sprache hat!

«Wir Dichter gehören zwar mit zu den Arbeitern am Bau und an der Differenzierung der Sprache, aber was auch die größten Dichter ihr geben und hinzufügen können, ist unendlich wenig, ist nichts im Vergleich zu dem, was die Sprache uns gibt und bedeutet», heißt es in einer nachgelassenen Notiz Hermann Hesses.

Ein Dichter, der hinnähme, daß der Bau dieser Sprache beschädigt und sie um einen nicht unbedeutenden Teil ihrer Differenzierungen gebracht wird, müßte als Dichter zurücktreten. Und als Deutscher.

Die Frankfurter Allgemeine Zeitung berichtete, auf die Literaturverlage werde immer wieder

Druck ausgeübt, Texte für den Schulgebrauch der neuen Schreibweise anzupassen. Als Siegfried Unseld, Verleger des Suhrkamp Verlages, die Anpassung von Brechts «Mutter Courage» abgelehnt habe, sei ihm gesagt worden, daß dann «Mutter Courage» als Schullektüre nicht mehr tragbar sei.

Sie übertrumpfen die Taliban: Um der reinen Lehre willen bringen sie sich um die Statuen des eigenen Glaubens.

Was das Schreiben für Kinder betrifft, ist es mir von nun an verwehrt zu schreiben, wie ich gern möchte – nämlich so, wie die Kinder in der Schule schreiben.

Ich werde bis an mein Lebensende nicht nur ein Schüler der Sprache, sondern auch ein Sprachschüler bleiben. Wie oft schlage ich in Zweifelsfällen nach …

Die Seriosität von Regeln und Schreibweisen anzuzweifeln, die ein Gremium von Sprachwissenschaftlern ausgearbeitet hatte, wäre mir nie in den Sinn gekommen. Im Gegenteil, als 1996 das erste Wörterbuch der «neuen deutschen Rechtschreibung» erschienen war, ging ich es Seite für Seite durch – es waren 1040 –, und ich begann, Abschnitte des Regelwerks und viele der rot gedruckten Hervorhebungen im Wörterverzeichnis zu exzerpieren, um mich mit ihnen vertraut zu machen und sie mir einzuprägen. Mein Bedürfnis, mir die Neuerungen anzueignen, wich jedoch mehr und mehr dem Entsetzen vor ihnen, und als ich selbst unverzichtbare Wörter nicht wiederfand, wandte ich mich an die Öffentlichkeit.

Der damalige Präsident der Kultusministerkonferenz tat die Kritik damit ab, daß er sie auf «verzerrte Darstellung» der Reform zurückführte. Meine Einwände waren jedoch aus der Lektüre eines Wörterbuchs erwachsen, auf dessen Einband stand: «Entspricht den neuen amtlichen Richtlinien und dem Schulgebrauch». Auch behauptete der Präsident, die Leute brauchten sich nur drei, vier Stunden mit der Neuregelung zu befassen, um neunzig Prozent ihrer Probleme los zu sein, doch nach drei, vier Stunden waren neunzig Prozent der Probleme noch nicht einmal zu erkennen gewesen.

Der Pressesprecher eines Kultusministeriums ließ die Kritiker wissen, ihre Ablehnung der neuen Schreibweisen resultiere aus ihrer Bequemlichkeit, nicht umlernen zu wollen.

Eine Unterrichtsministerin äußerte, wir würden «den Kindern nicht gönnen, daß sie es leichter haben».

Im Brief eines Ministerialbeamten an einen Schüler hieß es: «Zuerst einmal gilt es festzuhalten, dass die Neuregelung der deutschen Rechtschreibung nicht mehr zurückgenommen werden wird ... (Natürlich wird es ein paar ewig Gestrige geben ...)»

Als wir noch in der DDR lebten, sagte mir der leitende Offizier eines Volkspolizeikreisamtes, *was* in diesem Staat *wie* einzuschätzen sei, bestimme einzig und allein die in ihm herrschende Arbeiter- und Bauernmacht, und meine rhetorische Entgegnung, ich hätte bisher geglaubt, Teil dieser Arbeiter- und Bauernmacht zu sein, konterte er mit den Worten: «Auch wer Sie sind, bestimmen nicht Sie, sondern wir!«

Es gibt Sätze, die im Ohr wachliegen.

Er gehörte zu den Exoten unter den Bundespolitikern: Er las Gedichte und suchte das Gespräch mit den Autoren. Deshalb hatte ich die Frage, was mir denn so sehr mißfalle an der neuen Rechtschreibung, von ihm nicht erwartet. Er wußte doch Bescheid. Was ihm also antworten, ohne ihm zu sagen, was er selbst wußte?

«Wissen Sie», sagte ich, «wenn ich in einer Festrede von Günter de Bruyn von ‹schön gefärbten Verlautbarungen›, im ‹Spiegel› eine Orthographe wie ‹weit gehend kontrollieren› oder in der Süddeutschen Zeitung die Überschrift ‹Anders Denkende› lesen muß, obwohl der Beitrag Andersdenkende betrifft, dann tut mir das einfach weh.»

«Übertreiben Sie da nicht?» fragte er.

Das Wort besitzt eine Aura, sagte ich, die aus seinem Schriftbild, seinem Klang und den Assoziationen besteht, die es in uns hervorruft, und je wichtiger und gebräuchlicher ein Wort ist, desto intensiver und prägender ist diese Aura. Wer sie zerstört, zerstört etwas in uns, er tastet den Fundus unseres Unbewußten an. Wird man also ständig mit Wörtern konfrontiert, deren Aura zerstört ist, weil sie zerschnitten sind («weit gehend» statt «weitgehend»), weil sie so, wie sie jetzt geschrieben werden, anders klingen («Anders Denkende» statt «Andersdenkende») oder weil man ihnen eine Packung von drei «s» verpaßt hat und ihnen dann eine Spreizstange eingezogen hat («Fluss-Senke»), dann ist die Wahrnehmung dieser Zerstörung jedesmal ein Mikrotrauma, eine winzige psychische Läsion, was auf die Dauer entweder zu Sprachdesensibilisierung, Abstumpfung und Resignation oder zu zunehmend unfreundlicheren Gefühlen denen gegenüber führt, die das alles ohne Not verursacht haben.

Ob ich annähme, daß die Kultusminister darüber jemals nachgedacht haben, fragte er.

«Friedrich Denk aus Weilheim hat ihnen die Beispiele seitenweise aufgeschrieben», sagte ich, «und zwar lange vor Inkrafttreten der Reform. Aber auch der liebe Gott hätte keine Chance gehabt, die Kultusminister zu bekehren. Ihr Glück, daß es nur Friedrich Denk und nicht der liebe Gott gewesen ist, sonst kämen sie zur Strafe alle in die Hölle. Mit ihnen die Ministerpräsidenten, der damalige Bundesinnenminister und die gesamte federführende Ministerialbürokratie. In der Hölle träfen sie dann auf die Rechtschreibkommission.»

Er lachte. Dann kam er auf die Eingangsfrage zurück und sagte: «Aber ist das denn wirklich so wichtig?»

Novalis: «Vieles ist zu zart um gedacht, noch mehres um besprochen zu werden.»

Im Magazin einer parteinahen Stiftung hieß es: «Wir unterstützen die Rechtschreibreform und lehnen Abtreibung ab.»

Dieser Logik könnte sich selbst ein Fisch nicht entziehen, denn sie ist ununterschwimmbar.

Vielleicht wird man sich eines Tages der Reformansätze entsinnen, in denen für eine «vernünftige Freiheit im Umgang mit der Schriftsprache» plädiert wurde.

Mir scheint jedoch, daß eher jene ihren Marsch auf die Orthographie fortsetzen werden, die sie einem «restriktiven Geheimbund» zuschreiben, «der die Massen vom Zutritt in die heiligen Hallen des Schreibens abhalten soll», wie es in einer Wochenzeitung des Jahres 2000 hieß. Die Verfasserin der Kolumne schrieb: «Die Dämme sind gerissen. Wir schreiben nicht mehr so, wie wir von klein auf angewiesen wurden …» (Verständlich, daß sich bei jemandem, der nicht das Glück hatte, schreiben lernen zu dürfen, sondern «angewiesen» wurde, wie man zu schreiben hat, ob solchen Terrors Haß anstauen mußte!) «Schafft ein, zwei, viele Orthografien!» titelte die Kolumnistin, und sie frohlockte, daß endlich «Beliebigkeit … in der Orthografie angekommen» sei. Diese geistigen Nachkommen einer etablierten Minderheit haben allen Grund, zuversichtlich zu sein. Die Erfahrung hat gezeigt, daß sich auf lange Sicht die Demokratie zum Diktat bitten läßt.

ALBERT VON SCHIRNDING

Es ist ja schon fast eine Legitimation für die Rechtschreibreform, daß sie so schöne Texte, so poetische Texte hervorbringt – wenn auch als Protest – wie den eben gehörten. Ich würde vermuten, daß, wenn man von der Reform nichts mehr weiß und keine Letter von ihr auf der anderen übriggeblieben ist, dieser Text immer noch zum literarischen Bestand der deutschen Sprache gehören wird.

Ich habe einen neunjährigen Sohn, der manchmal gerne an der Schreibmaschine oder am Laptop Geschichten schreibt, und dann fragt er alle paar Minuten: «Wie schreibt man» dieses oder jenes Wort? Meine Antwort müßte eigentlich dann lauten: «*Man* schreibt gar nicht mehr. *Man* ist wegen Unfähigkeit entmündigt worden und hat einen Vormund bekommen: die *Mannheimer Zwischenstaatliche Kommission*. Aber die kann dir auch keine Auskunft geben; denn die sagt heute so und morgen wieder anders.»

Aber es sind inzwischen mehrere neue Entwicklungen in der Sache eingetreten, die noch nicht wirklich bekannt und erkannt sind und die den ganzen Abgrund von Inkompetenz, Verantwortungslosigkeit und Verlogenheit der Reformmacher erst in vollem Umfang deutlich werden lassen. Der Publizist Hans Krieger, einer der kompetentesten Kritiker der Reform, der sich bereits seit 1971 kontinuierlich zum Thema geäußert und 1998 ein Buch über den «Rechtschreibschwindel» veröffentlicht hat, wird uns in gebotener Kürze über den gegenwärtigen Stand unterrichten.

Hans Krieger

Dem erschütternden Bild einer obrigkeitlich verordneten kulturellen Regression, das Reiner Kunze entworfen hat, will ich nur noch ein paar Mosaiksteinchen hinzufügen. Eine kleine Information über einige neuere Entwicklungen, die – um es auf dem Sprachniveau der Orthographiereformer auszudrücken – dem überlaufenden Faß ohne Boden die Krone ins Gesicht schlagen. Mit ihrem zwanghaften Getrenntschreibungsfuror haben die Reformer ja nicht nur die Aura der Wörter zerstört – und ich finde es sehr wichtig, auch von dieser Aura einmal zu sprechen. Sie haben die Sprachentwicklung gewaltsam zurückgedreht (Reiner Kunze hat das schon gesagt) um fast zwei Jahrhunderte und dabei reihenweise Wörter beseitigt und Bedeutungsunterscheidungen planiert, und sie haben die Logik der Grammatik weitgehend außer Kraft gesetzt. Wenn wir etwa sagen, «es wäre naheliegend, eine verfehlte Reform abzubrechen», so ist diese Satzkonstruktion ja überhaupt nur möglich, wenn «naheliegend» als ein einziges Wort, als ein Adjektiv nämlich, betrachtet wird, das selbstverständlich zusammengeschrieben werden muß. Die Neuregelung aber verlangt unter Mißachtung der Grammatik hier Getrenntschreibung. Dann ist die Partizip-Konstruktion aber gar nicht mehr möglich, dann müßten wir sagen: «es läge nahe». Die Wendung «es wäre nahe liegend» wäre ein Anglizismus, wenn «naheliegend» nicht ein Wort ist.

Sogar den Reformern selbst ist nicht ganz verborgen geblieben, daß hier einiges arg danebengegangen ist. Die Zwischenstaatliche Kommission für deutsche Rechtschreibung, die ja fast ausschließlich aus den Urhebern der Reform selber zusammengesetzt ist, schrieb schon im Januar 1998, vor bald fünf Jahren, in ihrem ersten Bericht an die Kultusminister, einschneidende Korrekturen seien nötig. Nein, nicht nur nötig, das hat der Kommission nicht gereicht. Mit einem wunderbaren Pleonasmus hat sie geschrieben, diese einschneidenden Korrekturen seien «unumgänglich notwendig». Die Kommission ist dann freilich vor den Kultusministern mannhaft in die Knie gegangen und hat sich den Satz über die unumgänglich notwendigen Korrekturen brav aus ihrem Bericht herausstreichen lassen, und der Vorsitzende der Kommission hat diese Demütigung auch noch öffentlich gutgeheißen.

Im August 2000 legte dann der Duden-Verlag in Absprache mit der Kommission eine Neuauflage seines Rechtschreibwörterbuches vor, die so viele und so einschneidende Änderungen gegenüber der Auflage von 1996 aufwies, daß man von einer Reform der Reform sprechen muß, wenn auch einer sehr inkonsequenten. Theodor Ickler und ich haben das damals unabhängig voneinander in detaillierten Analysen nachgewiesen. Nicht nur zahllose Einzelschreibungen wurden geändert, auch eine völlig neue Regel, die es vorher nicht gab, wurde eingeführt, und bestehende Reformregeln wurden durchlöchert und aufgeweicht. Wer sich das einmal angeschaut hat, für den ist völlig klar: Die Rechtschreibung des Duden 2000 ist nicht mehr die des Duden 1996. Sie ist nicht die gleiche wie die, die 1996 durch eine «Absichtserklärung» als für die deutschsprachigen Länder verbindlich festgelegt worden war. Auch wenn das bis heute offiziell hartnäckig geleugnet wird, schon wegen der Rechtsprobleme natürlich, die sich daraus ergeben könnten.

Eingesehen hatte die Kommission und mit ihr die Duden-Redaktion, daß der Getrenntschreibungszwang manchmal (leider sehr häufig) zu Kollisionen mit der Grammatik führt, so etwa bei Zusammensetzungen eines Partizips mit einem Substantiv oder Adverb, wie etwa «erfolgversprechend», «furchteinflößend», «gewinnbringend» oder «weitreichend», und zwar vor allem dann, wenn sie gesteigert werden, wenn also ein Komparativ gebildet wird, was ja durchaus üblich ist und auch grammatikalisch möglich ist, also etwa zu sagen «noch erfolgversprechender», «noch weitreichender». Wenn aber ein Partizip gesteigert wird, dann ist es eindeutig nicht mehr eine Verbform (Verbformen kann man nicht steigern), sondern es ist ein Adjektiv (nur Adjektive kann man steigern). Folglich aber, wenn es ein Adjektiv ist, kann es kein Objekt regieren. Die Konstruktion «noch Erfolg versprechender» ist grammatikalisch vollkommener Unfug. Das geht nicht in der deutschen Sprache. Die Form «noch erfolgversprechender» ist eben nur möglich, wenn und weil «erfolgversprechend» als ein einziges, unteilbares Wort empfunden wird. Dies also, immerhin, hatte man nun im Sommer 2000 kapiert, wenn auch nur für diesen Fall und für andere nicht. Und der Duden zog die Konsequenz. So wohlvertraute Adjektive wie etwa «ratsuchend», «notleidend», «eisenverarbeitend», «alleinstehend» oder auch «alleinerziehend» wurden zwar weiterhin auf dem Altar des heiligen Getrenntschreibius geopfert, ebenso «nichtssagend», während für «vielsagend» seltsamerweise die Zusammenschreibung wieder eingeführt wurde – ein schönes Beispiel dafür, daß bei den Rechtschreibreformern die rechte Hand nicht weiß, was die linke tut. Für «erfolgversprechend» dagegen und für ähnliche Zusammensetzungen, also etwa auch «gewinnbringend» oder «aufsehenerregend», wurde die Zusammenschreibung wieder zugelassen, wenn auch nur als geduldete Variante neben der durch Rotdruck als Regelform hervorgehobenen Getrenntschreibung. Für die Steigerungsformen aber wurde die Zusammenschreibung als verbindlich festgelegt. Und dafür brauchte man natürlich eine neue Regel. Diese Regel lautet: Man schreibt zusammen, wenn das Gesamtgebilde steigerbar ist.

Verbindlich ist die Zusammenschreibung aber nur für die Steigerungsform, während die Grundform weiterhin tunlichst getrennt geschrieben werden sollte – ein neuer Systemwiderspruch, der Steigerungsformen zuläßt, zu denen es die Grundform eigentlich nicht geben dürfte.

Einführung einer neuen Regel – das ist ein massiver Eingriff, der die Substanz der Neuregelung verändert. Zugleich aber springt der Duden 2000 merkwürdig leichthändig mit für unantastbar gehaltenen Kernregeln der Neuschreibung um. Wie haben wir uns geplagt, die Regel zu begreifen, nach der «Blut saugend» (etwa das Insekt) unerbittlich getrennt geschrieben werden muß, «blutstillend» aber (etwa für ein Medikament) weiterhin zusammen. Mit einiger Mühe konnte man die Regel sogar begreifen, wenn auch nicht verstehen. In einem Fall nämlich spart die Zusammensetzung ein Wort ein und im anderen nicht, und zwar einen Artikel. Man sagt nämlich, wenn man das in einen Satz verwandelt: «Das Insekt saugt Blut», ohne Artikel, aber: «Das Medikament stillt das Blut». Das war also das unterscheidende Kriterium. Schlägt man nun den Duden 2000 auf, so traut man seinen Augen nicht: Für «blutsaugend» wie für «blutstillend» werden in gleicher Weise Getrenntschreibung oder Zusammenschreibung unterschiedslos zur Wahl gestellt. Wie bitte? Ausgerechnet für ihr am häufigsten zitiertes Paradebeispiel werfen die Reformer eine ihrer Kernregeln, auf die sie so stolz waren, locker über Bord? Für «Kosten sparend» freilich bleibt die Getrenntschreibung so eiserne Vorschrift wie für «kostendeckend» die Zusammenschreibung, obwohl hier exakt die gleiche Regel greift wie für «Blut saugend» und «blutstillend». Der ganze hochtrabende Anspruch, die deutsche Orthographie endlich auf eine logisch konsistente, also widerspruchsfreie Regelsystematik zu gründen, bricht damit in sich zusammen. Die Reformer zerstören selbst ihre ohnehin dürftige Legitimationsgrundlage.

Seitdem haben wir zweierlei Duden-Schreibungen, die sich erheblich widersprechen, aber beide mit dem Anspruch der Gültigkeit auftreten und an den Schulen zugelassen sind. Woran sollen sich die Lehrer halten beim Korrigieren? Welche Schreibung sollen sie als richtig lehren? Ein halbes Jahr danach habe ich diese Anfrage an unser bayerisches Kultusministerium gerichtet, und der zuständige Ministerialrat, der sehr stolz darauf ist, daß er 1994 an der Ausarbeitung der Reform hat mitwirken dürfen, gab mir zur Antwort: «Es gilt die amtliche Regelung.» Natürlich fragte ich zurück, welche das denn sei und wo man sie dargestellt finde, ob vom Gebrauch des Duden 2000 etwa abzuraten sei, falls der Duden 1996 die amtliche Schreibung biete, oder umgekehrt, und welche Anweisungen oder Handreichungen die Lehrer erhielten. Er aber erwiderte, das sei überhaupt kein Problem, Duden sei Duden. Und als ich mich damit immer noch nicht zufriedengab, schrieb dieser feine Herr mir, für so etwas wie mich könne er nur noch Verachtung haben. Das muß hier erwähnt werden, weil von Zeitungs-Chefredakteuren immer wieder zu hören war (und viele haben mir das auch auf meine Anfragen hin so geschrieben), sie hielten zwar auch absolut nichts von dieser Reform, aber aus Rücksicht auf die Schulkinder müsse man an ihr festhalten, denn den Schulkindern dürfe keine neue Verunsicherung durch abermaliges Umlernen zugemutet werden. Den Kultusministerien scheint solche Rücksichtnahme gänzlich fremd zu sein. Ziemlich unverhohlen lassen sie durchblicken, daß ihnen die Desorientierung der Schulkinder durch eine längst chaotisierte Schreibung vollkommen gleichgültig ist.

Zurück aber zur Zwischenstaatlichen Kommission. Anfang dieses Jahres hat die Kommission erneut einen Bericht vorgelegt, ihren dritten. Natürlich jubelt sie darin über den großartigen Erfolg der Reform und ihre angeblich allseitige Akzeptanz. Aber auf die Neuerungen des Duden 2000 muß sie ganz am Rand doch auch ein wenig eingehen. Und was sagt sie dazu? Natürlich war das keine Reform der Reform, denn das darf es nicht gewesen sein. Es war etwas ganz anderes. Es war eine Restaurierung, eine Wiederherstellung, und zwar die Wiederherstellung dessen, was ja von Anfang an die eigentliche Reformabsicht gewesen sei. Und warum war Wiederherstellung nötig? Weil, ach leider, 1996 manches mißverstanden worden ist, vor allem von den Wörterbuchmachern. Und warum wurde mißverstanden? Weil – und nun kommt es –, weil einige der Regeln «nicht sehr explizit» formuliert gewesen seien. «Nicht sehr explizit» – so wörtlich. Kann es ein rührenderes Understatement geben für das, was man sonst konfus oder allenfalls unklar nennt? So also steht es mit der fachlichen Kompetenz der Leute, die uns diktieren wollen, wie wir zu schreiben haben. Sie müssen selber eingestehen, daß ihre Regeln unklar waren. Aber es kommt noch besser. Eine der Regeln, so heißt es in dem Bericht, nämlich jene, die der Duden 2000 neu eingeführt hat, mit der er aber der Kommission zufolge auch nur wiederhergestellt hat, was von Anfang an so gemeint war, diese Regel sei im Regelteil der Neuregelung «nirgends explizit vorgeführt» worden (ich zitiere das wörtlich), man habe sie aber aus einzelnen Eintragungen im Wörterverzeichnis «rekonstruieren» können. Die

Herren, die uns den Sprachgarten zertrampeln, lassen uns also nicht nur über ihre Peitsche springen; sie erwarten auch noch, daß wir ihre Willkürregeln brav selber aus den Einträgen im Wörterverzeichnis rekonstruieren.

Und natürlich wissen diese Herren nicht erst seit vorgestern, was da vermurkst wurde. Im Frühjahr 1997, also vor fünfeinhalb Jahren, hatte ich, ebenso wie Reiner Kunze und andere, die Auslöschung des Wortes «wiedersehen» angeprangert, das Duden, Bertelsmann und fast alle anderen Wörterbücher aus dem Sprachschatz verbannt hatten. Darauf schrieb mir Klaus Heller vom Institut für deutsche Sprache, Miturheber der Reform und seither Geschäftsführer der Zwischenstaatlichen Kommission, ich möge doch bitte nicht so naiv sein, die Rechtschreibreform «mit ihrer Darstellung in den Wörterbüchern zu verwechseln». So wörtlich. Und nun stellen Sie sich mal eine Bundesregierung vor, die uns bitten würde: «Ach, verwechselt doch bitte unsere schöne, wohlgemeinte Steuerreform nicht mit der Handhabung durch die Finanzämter.» Ich glaube, eine solche Bundesregierung könnte sich nicht sehr lange halten. In den fünfeinhalb Jahren seither ist zwar das Wort «wiedersehen» in die Wörterbücher zurückgekehrt, aber keiner dieser ebenso autoritären wie feigen Herren hat auch nur einmal öffentlich erklärt, daß da einiges schiefgelaufen ist, daß es Mißverständnisse gegeben hat, daß man die Neuregelung also überdenken und überarbeiten muß und daß man sie bis dahin (was ja wohl das Selbstverständlichste der Welt wäre) erst einmal aussetzen sollte.

Und auch das jetzige Eingeständnis, das man wohl einen Offenbarungseid nennen darf, wurde nicht ehrlich vor der Öffentlichkeit abgelegt, sondern verstohlen unterderhand; es steht versteckt im Anhang eines Tätigkeitsberichtes an die Kultusminister, der ausdrücklich nicht zur Veröffentlichung bestimmt war. Das aber heißt: Mindestens fünfeinhalb Jahre lang haben die Reformer wissentlich tatenlos zugesehen, wie ihre Reform eifrig mit ihrer Darstellung in den Wörterbüchern verwechselt wurde, wie Lesende und Schreibende, wie vor allem Schüler und Lehrer sich mit den Absurditäten einer Neuschreibung abplagten, die so gar nicht gemeint gewesen sein soll. Man muß das bodenlos unredlich nennen und im höchsten Grade verantwortungslos. Mehr noch, man muß von Betrug sprechen. Und man sollte nachdenken über Regreßansprüche, wie sie auch in anderen Lebensbereichen üblich sind, wenn durch grobe Fahrlässigkeit Schaden entsteht und wenn der Versuch, die Fahrlässigkeit zu vertuschen, den Schaden vergrößert. Und was tun wir? Wieso eigentlich lassen sich unsere Journalisten, die doch zumindest zum Teil kluge und sprachbewußte Leute sind, die Beschädigung ihres Handwerkszeugs, die Beschneidung ihrer Ausdrucksmöglichkeiten, also einen massiven Eingriff in die Freiheit der Berufsausübung, so lammfromm und widerspruchslos gefallen? Wo bleibt der Aufstand der Intelligenz dieses Landes gegen die kulturzerstörerische Arroganz einer Mafia der Bornierten? Man hört da droben nicht auf das Murren des Volkes? Dann sind wir wohl bisher zu leise gewesen.

Albert von Schirnding

Ich danke Herrn Krieger herzlich für dieses nicht mehr ganz so leise Statement. Wir wollen ja lauter werden. Ich darf Ihnen jetzt noch die anderen Teilnehmer dieses Podiums vorstellen. Unser Mitglied Herbert Rosendorfer ist weitberühmt. Schon die Tatsache, daß er überhaupt anwesend ist, macht diese ganze Reform zu Makulatur. Aber er wird trotzdem etwas sagen. Wolfgang Illauer ist Studiendirektor am St.-Anna-Gymnasium in Augsburg und in dieser Eigenschaft seit Jahren als Kritiker der Reform hervorgetreten. Als Mann der Praxis kann er uns unmittelbar etwas sagen über die Auswirkungen der Reform in der

Schule. Peter Horst Neumann ist unsere «jüngste Errungenschaft»: Wir haben ihn in diesem Jahr zum Mitglied dieser Akademie gewählt. Er ist ein sehr bekannter Germanist, ein Emeritus inzwischen, hat sich durch eine große Zahl von Veröffentlichungen im Rahmen seines Faches einen über seine Fachgrenzen bekannten Namen gemacht. Aber er ist auch ein sehr bedeutender Lyriker. Der letzte Lyrikband erschien 1999 *(Die Erfindung der Schere),* und für den ersten Lyrikband *Pfingsten in Babylon* (1996) hat er gleich den Eichendorff-Preis bekommen. Er kann also zur Reform von zwei Seiten her sprechen, von der poetischen und von der sprachwissenschaftlichen Seite. Für mich darf ich wenigstens in Anspruch nehmen, daß ich 1996 zu den Unterzeichnern der von Friedrich Denk initiierten Frankfurter Erklärung gegen die Rechtschreibreform gehört habe.

Ich meine, man könnte vielleicht diese berühmten drei Kantischen Fragen zugrunde legen, in etwas abgewandelter Form. Also: Was müssen wir wissen? Was können wir tun? Was dürfen wir hoffen? Die Hauptfrage ist natürlich: Was können wir – jetzt noch – tun? Aber zunächst, meine ich, sollten wir doch bei der ersten Frage bleiben: Was müssen wir wissen? Ich möchte Herrn Illauer bitten, uns über die momentane Situation in der Schule zu berichten. Sie haben ja das schöne

Zitat bei Reiner Kunze gehört: «Die Gegner der Reform gönnen es offenbar den Schulkindern nicht, daß sie es jetzt leichter haben als früher.» Haben sie es leichter?

Wolfgang Illauer

Ich werde jetzt die Wahrheit sagen und nichts als die Wahrheit. Denn die Reformer haben vor fünf Jahren die Unwahrheit gesagt, als sie behaupteten, die Rechtschreibfehler würden um 50 bis 90 Prozent zurückgehen. In Wirklichkeit ist es so, daß die desolate Situation der Rechtschreibung um keinen Deut besser geworden ist. Im Gegenteil, es ist noch ein bißchen schlimmer geworden. Noch nicht dramatisch, aber es ist schlimmer geworden. Es gibt neue Fehlerquellen, und über diese neuen Fehlerquellen möchte ich ganz kurz berichten. Da ist zunächst eine allgemeine Hintergrundursache, welche die Fehler steigen läßt: die Unsicherheit! Man weiß ja nicht, was gilt. In *einem* Wörterbuch steht's so, im andern steht's so. Man weiß nicht, was bleiben wird. «Ist ja sowieso egal!» denken die Schüler und machen mehr Fehler. Und jetzt komme ich zu den fünf konkreten Einzelursachen, die die Rechtschreibfehler ansteigen lassen.

Da ist erstens die neue Scharf-s- (ß) und Doppel-s-Schreibung (ss). Früher gab es nur zwei Möglichkeiten am Wortende und vor Konsonant: s oder ß. Jetzt gibt es drei Möglichkeiten: s, ss, ß, und deswegen machen die Schüler zwangsläufig mehr Fehler. Das ist auch empirisch nachzuweisen; es ist eine Tatsache. Vor allem das «ss» ist neuerdings sehr verbreitet. Ich könnte fast sagen, ein Gespenstchen geht durch die Aufsätze der deutschen Schüler, nämlich das ss-Gespenstchen. Hinzu kommt die folgende Schwierigkeit: Am Wortende muß man über die Vokallänge Bescheid wissen: Spaß oder Spass? Häufig steht auch vor einfachem s ein kurzer Vokal, z. B. bei «fast». Bei solchen Wörtern schreiben manche Schüler jetzt plötzlich zwei s oder gar ß. In einem Kollegstufenaufsatz wurde von guten Schülern das Wort «meist» wiederholt mit ß geschrieben – Fehler, die früher kaum vorkamen. Es geht wie Kraut und Rüben in der s- und ss- und ß-Schreibung durcheinander.

Ein zweiter Grund: Es gibt jetzt sehr viele neue Getrenntschreibungen, aber es gibt sehr, sehr viele Wörter, die immer noch zusammengeschrieben werden, eine riesige Menge von Wörtern. Das hat mit zwingender Notwendigkeit einen kleinen Dammbruch zur Folge: Es werden jetzt viele Wörter, die man immer noch zusammenschreiben muß, getrennt geschrieben. Beispiele für das

Gesagte: «weitgehend» kann man getrennt schreiben, «zufrieden stellend» muß man getrennt schreiben, «sich auseinander setzen mit» muß man getrennt schreiben. Ja, warum soll man – so denkt sich wohl ein Schüler – nicht auch getrennt schreiben «durch schlagend», «hin treten», «hinüber gehen», «zurück kommen»? Aber all diese Wörter muß man immer noch zusammenschreiben. In einer Lateinschulaufgabe vor einigen Wochen hat mehr als die Hälfte meiner 7. Klasse das Wort «derselbe» getrennt geschrieben. Das ist mit großer Wahrscheinlichkeit eine Folge der Rechtschreibreform!

Ein dritter Grund der Fehlersteigerung: Es gibt jetzt deutlich mehr Großschreibungen. Das führt natürlich zu Großschreibungen auch dort, wo es nicht erlaubt ist. «Einzelne» wird jetzt groß geschrieben. Mit Sicherheit zu erwartende Konsequenzfehler: auch «Manche» oder «Viele» wird jetzt groß geschrieben. «Die Übrigen» wird nach dem neuen Duden groß geschrieben. Das verführt dazu, auch «die Anderen» groß zu schreiben. «Es tut mir sehr Leid»: «Leid» wird groß geschrieben, obwohl es kein Hauptwort ist. Ein absoluter Unsinn. «Abend» in «heute Abend» wird groß geschrieben, obwohl «Abend» hier kein Substantiv ist. Jetzt schreiben die Schüler natürlich auch Eigenschaftswörter und Adverbien vermehrt groß. «Wie Recht du hast!»: «Recht» wird groß geschrieben. Ja, da ist es natürlich unvermeidlich, daß mancher Schüler «schön» in «Wie schön du singst» groß schreibt. «Auf das Schönste» darf man neuerdings groß schreiben. Natürlich schreiben manche Schüler dann auch «am Schönsten»! Klar! Es gibt nichts, was Schüler nicht falsch machen! Manche Regeln der Reform dürfte man gar nicht unterrichten, weil sie so ungeheuer gefährlich sind. Da brechen Dämme!

Ein vierter Grund: Es gibt jetzt deutlich mehr Alternativschreibungen als bisher. Das erweckt bei den Schülern ein gewisses Gefühl der Freiheit, der Lockerheit. Sie denken sich, es wird schon richtig sein, es gibt ja so viele Alternativschreibungen. Und dann schreiben sie genau das, was falsch ist.

Ein letzter Grund: Die Kommasetzung wurde liberalisiert. Das heißt, man braucht Kommata, zum Beispiel vor erweitertem Infinitiv, auch dann nicht zu setzen, wenn sie für das Verständnis des Satzes sehr wichtig sind. Andererseits muß man jetzt Kommata setzen, wo sie völlig unwichtig sind, zum Beispiel nach einem Ausrufezeichen und Abführungszeichen: «‹Komm zum Essen!›, rief die Mutter.» Der Lehrer bringt also dem Schüler bei: «Du mußt bei etwas ganz Unwichtigem ein Komma machen, aber wo es wichtig ist, da kannst du es weglassen.» Daß die Schüler jetzt völlig konfus werden und daß die Komma-Moral sinkt, ist klar. Das Komma ist vor einem daß-Satz nicht so wichtig wie vor vielen erweiterten Infinitiven. Warum soll ich es vor «daß» nicht auch weglassen, denkt sich ein guter Schüler, ein kluger Schüler.

Das sind die fünf Gründe, warum die Fehlerzahlen steigen. Das sind die fünf Fehlerquellen. Ich habe keine wirkliche Erleichterung gefunden. Vielleicht einzelne Wörter. Aber die von mir genannten Fehlerquellen könnten sich noch sehr schlimm auswirken. Und deswegen würde ich am liebsten einen Untersuchungsausschuß fordern. Es ist eine Ungeheuerlichkeit, wenn die Reformer vor fünf Jahren behaupteten, die Zahl der Rechtschreibfehler werde an den Schulen um 50 Prozent zurückgehen.

Von einem Rückgang der Fehlerzahlen kann keine Rede sein. Die Fehlerzahlen sind im Gegenteil gestiegen, zwar nicht dramatisch, aber sie sind gestiegen! Wie kamen die Reformer dazu, etwas so Phantastisches zu behaupten?

Entweder zeigten sie eine riesige Inkompetenz, eine erstaunliche Ahnungslosigkeit hinsichtlich der Rechtschreibwirklichkeit an unseren Schulen, hinsichtlich der wirklichen Rechtschreibprobleme der Schüler.

Oder – war es vielleicht bewußte Täuschung? Ich weiß es nicht.

Albert von Schirnding

Wenn man das so hört, könnte man vielleicht denken: Wenn diese einzelnen Dinge zurückgenommen werden, dann wäre ja eigentlich die Sache mehr oder weniger in Ordnung. Nun ist es aber doch so, daß die vielen Beispiele, die Herr Illauer genannt hat, nur die Oberfläche einer fundamentalen Verletzung des Geistes der Sprache bilden, so daß es mit bloßen Nachbesserungen nicht getan wäre. Ich würde dazu gern Herrn Professor Neumann hören.

Peter Horst Neumann

Sie haben gefragt, was zu tun sei. Ich denke, das erste, was wir tun können, ist, empört zu sein und diese Empörung zu zeigen. Sie ist weit verbreitet, und ich denke: Sie ist im Wachsen begriffen. Aber hat sie die richtigen Medien? Der Konformismus der Medien ist ja erschreckend; das gilt aber auch für einen großen Teil der Schulleute. Das wissen Sie, Herr Illauer, so gut wie ich. Und zu den Schulleuten zähle ich auch die Universitätslehrer. An meiner Universität – ich habe bis vor kurzem in Erlangen gelehrt – sind zwei Sprachwissenschaftler führend an der Kritik dieser sogenannten

Rechtschreibreform beteiligt, nämlich Theodor Ickler und Horst Haider Munske. Natürlich haben wir versucht, wenigstens an unserer Universität die obrigkeitsbefohlene Einführung der Rechtschreibung für den amtlichen Schriftverkehr der Universität zu verhindern. Glauben Sie, dies hätte gelingen können? Da sind zwei erstklassige Linguisten, kompetenteste Kritiker dieses Machwerks von Reform, aber die eigene Universität ignoriert die ihr innewohnende Kompetenz. Kann man sich vorstellen, daß ein Biologe oder ein Physiker in eine ungefähr vergleichbare Lage geriete? Die Alma mater würde sich deren Einsichten und öffentliche Resonanz zur Ehre anrechnen. Es gibt kaum ein Wesen oder Ding, das so vollkommen eins ist mit seiner Geschichte wie die Sprache. Die sogenannte Rechtschreibreform verstößt aber nicht nur durch falsche Etymologien gegen die Sprachgeschichte. Man ist den Didaktikern an die Angel geraten; ihr Köder war die Verheißung, das Erlernen der deutschen Sprache werde nun leichter sein. Die Germanisten im Ausland, die für das Ansehen unserer Sprache und für die Reputation unseres Landes sehr viel mehr leisten, als ihnen jemals gelohnt werden kann, lachen über dieses fahrlässig selbstgestiftete Rechtschreib-Desaster; vielmehr: Nach Lachen oder Weinen ist ihnen gar nicht zumute, sie fragen uns ratlos: «Was geschieht eigentlich in Deutschland mit der deutschen Sprache, die wir im Ausland lehren? Was wird uns zugemutet und ihr angetan?» Die Befunde, die uns Herr Illauer vorgeführt hat, betreffen nicht nur die Schule, sie zeigen sich auch in der Auslandsgermanistik. Im Lande der Sprache aber herrscht ein resignativer Konformismus der Lehrer, der Professoren, des größten Teiles der Presse. Der scheint mir ein Haupthindernisgrund dafür zu sein, daß die weitverbreitete Empörung sich unziemlich still verhält, ich meine: außerhalb dieses Saales. Wie viele, die sich offiziell als Befürworter geben, erweisen sich in privater Runde als inoffizielle Kritiker der «Reform»! Die Empörung brauchte aber ein politisch wirkungsstarkes Medien-Kartell, ich meine: einen Zusammenschluß einzig in dieser die deutsche Sprache betreffenden Angelegenheit. Aber darauf ist ebensowenig Hoffnung zu setzen wie auf ein Machtwort unserer Parlamente gegen die Anmaßung der Kultusbürokratie.

Albert von Schirnding

Herr Rosendorfer, was hat Sie eigentlich motiviert, hier zu uns aufs Podium zu kommen?

Erlauben Sie mir zunächst, etwas zu sagen, was damit nicht direkt etwas zu tun hat. Als Reiner Kunze gesagt hat, bei der Aussprache im Bundestag über die sogenannte Rechtschreibreform waren nur 50 der Bundestagsabgeordneten anwesend, habe ich mir gedacht: Komisch. Waren das diejenigen, die lesen und schreiben können? Also eine Minderheit? Die sogenannte Arbeit der Zwischenstaatlichen Kommission läßt mich immer wieder glauben, bestätigt mir immer wieder mein Vorurteil (Vorurteile sind ja wichtig, sind was Großartiges), daß niemand von einer Sache so wenig versteht wie Experten.

Aber jetzt im Ernst, was mich bewogen hat, hier mitzumachen – dazu ergänze ich das ebenfalls von Reiner Kunze genannte sehr schöne Novalis-Zitat: Die Sprache ist nicht nur zu zart, um gedacht und um gesprochen zu werden; sie ist vor allem zu zart, um geregelt zu werden. Und da ist ja überhaupt, glaube ich, ein großes Mißverständnis eingetreten. Kein Bundestag, kein Kultusminister, keine zwischenstaatliche oder irgendwie geartete Kommission ist befugt – und im Grunde genommen auch gar nicht fähig –, die Sprache und die Orthographie zu regeln, so wenig, wie sie in der Lage ist, das Wetter zu regeln. Und ein

Versuch, dies doch zu tun, zeigt die Schwierigkeiten, die Unsicherheiten, die Ungenauigkeiten. Der ganze Pallawatsch, der dadurch entstand, ist darauf zurückzuführen, daß etwas geregelt werden soll, was nicht geregelt werden kann. Die Sprache ist nicht nur ihr eigenes Meisterwerk, sondern auch ihr eigener Meister und tut, was sie will. Und wenn wir das beherzigen, dann, glaube ich, könnte es schon ein kleiner Schritt in der Richtung auf ein bißchen Hoffnung sein. Ein gewisses Mißverständnis aber besteht – und jetzt spricht aus mir der Jurist: Bitte, denken Sie nicht, daß Ihnen der Bundestag oder irgendeine Kommission oder irgendein Kultusminister oder wer auch immer vorschreiben kann, ob Sie «weitreichend» zusammenschreiben oder nicht. Das kann niemand. Und dazu ist auch niemand befugt. Die ganze Sache betrifft – außer in gewisser Weise die Amtssprache, aber das ist auch schon fraglich – nur die Schule. Ich habe darüber nachgedacht, ob es in irgendeinem anderen Sprachbereich, in Italien, Frankreich, irgendwo sonst, etwas ähnliches gibt. Italiener würden sich an den Kopf greifen, wenn man das italienische Parlament damit beschäftigen wollte, sich über die italienische Rechtschreibung Gedanken zu machen.

Das, was ich aber jetzt sagen will, ist historisch; ich muß ein kleines bißchen zurückschreiten. Das deutsche Volk hat sehr lange unter einer Diktatur gelebt, in einem Unrechtsstaat, ein Teil des Volkes bis 1990. Wir sind dadurch – und zwar natürlich mit einem gewissen Recht – sehr feinfühlig, was den Rechtsstaat betrifft. Wir wollen rechtsstaatlich sein, und alle unsere Gesetze, alle unsere Vorschriften, die nach 1949 und zum Teil nach 1945 erlassen worden sind, gehen davon aus, daß ja alles rechtsstaatlich geregelt wird, bis zum letzten Komma. Ich war sehr lange mit einer Deutschlehrerin verheiratet und kenne das aus sehr naher Sicht. Jedes Häkchen, das ein Lehrer in einer Schularbeit oder ähnlichem macht, kann überprüft werden – das ist Ausdruck unseres Rechtsstaats – in drei Instanzen, unter Umständen bis zum Bundesverwaltungsgericht. Da sind dann an die zehn Juristen, zum Teil hochbesoldet, damit beschäftigt, ob dieses Komma richtig ist oder nicht. Ein sehr hoher Verwaltungsrechtler hat einmal in einem ähnlichen Fall gesagt, das sei so, als ob jeder Haarschnitt durch drei Professoren der Chirurgie überprüft werden könne. Und um den Richtern hier eine Grundlage zu geben, damit sie entscheiden können, ob dieses rote Häkchen des Lehrers falsch oder richtig ist, mußte eine Regel gefunden werden, an die sich der Richter halten kann. Das, und nur das, ist der ganz tiefe Kern dieser sogenannten Rechtschreibreform.

Eigentlich ist sie völlig überflüssig. Und wenn Sie sie einfach «nicht einmal ignorieren», dürfte das das Beste sein.

Hans Krieger

Das einfache Ignorieren der Rechtschreibreform hieße, den Kultusministern dazu verhelfen, weiterhin das tun zu können, von dem Sie sagen, daß sie es nicht tun können. Wobei Sie ja eigentlich die Frage verwechselt haben, ob man etwas tun kann (und offenbar können die Kultusminister!) oder ob man es tun darf. Natürlich dürfen sie nicht, was sie tun. Aber leider können sie das in diesem Land, im Unterschied zu anderen Kulturstaaten. Jetzt möchte ich aber nochmals auf Ihre Frage zurückkommen, Herr von Schirnding.

Was müssen wir wissen? Ich glaube, es gibt zwei Dinge, die wir unbedingt wissen müssen. Das eine ist, was mit dieser Reform tatsächlich geschieht. Zweitens müssen wir eine Antwort wissen auf die Frage, wer oder ob überhaupt jemand zu solchen Eingriffen ein Recht hat. Zum ersten Punkt ist ja vieles schon gesagt worden. Die Verunsicherung der Schüler, die Tatsache, daß immer mehr Fehler gemacht werden, ist natürlich höchst ärgerlich, höchst unpädagogisch, aber es ist noch der harmloseste Aspekt der Reform. Reiner Kunze hat die Dinge ja schon aufgezählt. Es werden Wörter vernichtet, es werden Differenzierungen der Sprache weggenommen, was natürlich auch heißt, es werden Differenzierungen des Denkens weggenommen. Und es wird gegen die Grammatik verstoßen, was auch wieder heißt, es wird das Denken eigentlich um die Grundlage seines Richtig-sein-Könnens gebracht. Vor ungefähr zwei Jahren hat eine gute Freundin von mir, die sich mit dem Thema überhaupt nicht befaßt hat und die das einfach komisch fand, daß ich immer wieder darüber schrieb, mich gefragt: Was machst du da eigentlich, warum ist dir das denn so wichtig? Ich habe ihr ein paar besonders krasse Beispiele genannt und habe sie nicht kommentiert. Diese Frau ist keine Germanistin, sie ist Malerin, hat also mit der Sprache gar nicht viel zu tun. Sie sprang vom Stuhl auf, bekam einen entsetzensvollen Gesichtsausdruck und rief: «Um Gottes willen, das greift ja in unser Denken ein!» Das ist der Punkt! Es greift in unser Denken ein. Wenn wir jetzt berücksichtigen, daß das Denken die Grundlage unserer Demokratie ist, wird also wirklich die allertiefste Basis des demokratischen Gemeinwesens in Frage gestellt.

Jetzt der zweite Punkt, was wir wissen müssen. Wer könnte dazu ein Recht haben? In dem Urteil des Verfassungsgerichtes vom Juli 1998 ging es um die Frage, ob die Kultusminister das per Anordnung verordnen können oder ob dazu nach dem sogenannten Wesentlichkeitskriterium der Gesetzesvorbehalt greift, das heißt, ob der Gesetzgeber, also die Parlamente, darüber beschließen muß. Und das Verfassungsgericht hat in dem erschütterndsten Fehlurteil seiner Geschichte, einem Urteil, dessen logisches Niveau ungefähr auf der Ebene von Grundschülern liegt (nicht mal der Dorfrichter Adam hätte so töricht entschieden; ich sage es bewußt hart, denn nicht ich ziehe die Würde des Verfassungsgerichts herab, das hat dieses Gericht bereits selbst getan), das Verfassungsgericht hat also den Kultusministern dieses Recht zugesprochen, unter Umgehung der Parlamente, einfach durch Verordnung Eingriffe in die Substanz der deutschen Sprache vorzunehmen. Wobei das Gericht es abgelehnt hat, sich überhaupt mit der Frage zu befassen, ob das wirklich an die Substanz geht. Aber eigentlich müssen wir sagen: Nicht einmal der Gesetzgeber hätte das Recht, Änderungen an der Sprache vorzunehmen, die an die Substanz gehen, die die Ausdrucksvielfalt verringern, die Differenzierungsmöglichkeiten reduzieren und die Grammatik verletzen. Nicht einmal ein Volksentscheid hätte dieses Recht. Wenn wir sagen: «Die Sprache gehört dem Volk» – und das war ja vor ein paar Jahren ein wichtiger Schlachtruf –, wenn sie dem Volk gehört, dann gehört sie nicht den zufällig gerade jetzt Lebenden, sondern sie gehört der Sprachgemeinschaft in der gesamten historischen Erstreckung. Wir Heutigen übernehmen die Sprache mit dem, was sie an Differenzierung gewonnen hat im Laufe von Jahrhunderten, von unseren Vorfahren, die daran gearbeitet haben. Und wir haben die Verantwortung, diese Sprache unbeschädigt, ungeschmälert, unverkürzt durch irgendwelche Abstriche an Differenzierungen, weiterzugeben an die nächsten Generationen. Und niemand von uns, kein Gremium, absolut niemand darf das Recht haben, solche Eingriffe vorzunehmen. Das gehört zu den Dingen, die wir alle unbedingt wissen sollten. Leider hat die Sprache in Deutschland nicht Verfassungsrang wie in Frankreich.

Reiner Kunze

Ich habe zwei aktuelle Stimmen aus der Schweiz und aus Österreich. Zuvor zitiere ich aber den Vorsitzenden der Zwischenstaatlichen Kommission für deutsche Rechtschreibung, Prof. Dr. Gerhard Augst: «Anfangs gab es bei vielen Lesern von Zeitungen und Zeitschriften doch einigen Widerstand. Davon ist inzwischen weniger zu spüren ... Das bestärkt uns in der Annahme, daß die Umsetzung der neuen Rechtschreibung positiv verläuft.»

In der neuesten Nummer der Zeitschrift «Gymnasium Helveticum» schreibt Stefan Stirnemann, ein Philologe und Gymnasiallehrer in St. Gallen: «Mit dem Erscheinen des dritten Berichts, den die Reformkommission zur Umsetzung der Neuregelung vorgelegt hat, ist ein kritischer Punkt erreicht: In ihm wird die Revidierung einer Fülle reformierter Schreibweisen in Aussicht gestellt ..., und projektiert werden ‹weit gehende Eingriffe in das Regelwerk›, dies aber alles erst für das Jahr 2005. Es wird also erwartet, daß die Schule unverdrossen Dinge einübt, die man zu ändern entschlossen ist, wie man seit 1996 schon in zahllosen Fällen heimlich Korrekturen vorgenommen hat ... Wem etwas an der Wissenschaft, das heißt am Argument liegt und an der Schule, die nur durchdachte und bewährte Gegenstände unterrichten darf, wer Verantwortung spürt für den Umgang mit öffentlichen Geldern, der kann nicht mehr mitmachen. Es ist verantwortungslos, die Schüler Dinge einüben zu lassen, die sie alsbald wieder anders lernen müssen. Es ist verantwortungslos, von den Eltern oder

Schulgemeinden die regelmäßige Anschaffung neuer, ‹präzisierter› Lehrmittel zu verlangen. Es ist verantwortungslos, die Lehrkräfte etwas unterrichten zu lassen, was nicht durchdacht ist, der Kritik nicht standhält und in der Öffentlichkeit nicht oder nur zu geringen Teilen angewendet wird.»

In einem Brief vom 6. September dieses Jahres, den ich von einer österreichischen Gymnasialprofessorin erhielt, heißt es: «Mir fiel sofort wieder ein …, wie wir in den Germanistenseminaren niedergeknüppelt wurden, wenn wir bei den diversen Einschulungen in die neue Rechtschreibung auch nur mit einem ‹Ja, aber …› beginnen wollten. Uns wurde klargelegt, wie Österreich vom deutschen Markt abhängig sei, und daß wir nicht unsere eigene Rechtschreibung ‹fabrizieren› könnten usw.»

Albert von Schirnding

Wir sind wieder bei der Schule, und nicht ganz umsonst. Diese Eingrenzung auf die Schule, von der Herr Rosendorfer gesprochen hat, ist natürlich auch ein taktisches Moment der Reformleute gewesen und ist es immer noch. Als die Schriftsteller merkten, was da passiert, und sich zu Wort meldeten, hat es geheißen: «Ihr könnt ja schreiben, wie ihr wollt. Ihr habt immer schon geschrieben, wie ihr wollt. Euch geht das gar nichts an, das ist eine Sache der Schule.» Die Schule ist aber der Ort, wo so etwas vorbereitet wird. Man kann sich ausrechnen, wie schnell es geht, bis dies dann verbindliche Formen annimmt für die Gesellschaft, denn die Schüler hören ja nicht auf zu schreiben in dem Moment, da sie die Schule verlassen. Der Weg durch die Schule ist der Weg für die Reform, um zum Ziel zu kommen.

Peter Horst Neumann

Ja, die Schule. Diese Reform ist natürlich nicht in Auftrag gegeben worden, um die Notengebung justitiabel zu machen. Das mag als ein Nebeneffekt vielleicht willkommen sein, aber dieses Problem hat man bei allen Korrekturen, Staatsexamens- wie Schulkorrekturen, wenn Karrieren davon abhängen, welche Note gegeben wird, etwa im Fach Deutsch. Aber das Mittel, das die Kultusminister angewandt haben und ganz natürlicherweise anwenden mußten, konnten und also auch – wie sie befanden – anwenden durften, um die von ihnen zunächst noch gar nicht verstandene «Reform» durchzusetzen – und das war ja vor dem Erscheinen der Wörterbücher beim besten Willen auch gar nicht möglich –, dieses Mittel war natürlich die Schulbuchhoheit, die sie besitzen. Wenn Verlage fürchten müssen, daß sie ihre Bücher nicht in den Schulen absetzen können, sofern sie sich den ministeriellen Vorgaben verweigern, dann sind sie gefügig, ihr Widerstand wäre wirtschaftlich ruinös. Bemerkenswertes geschieht nun aber durch sie den Autoren. Ich spreche da aus Erfahrung. Ein Text, den man nicht zur Bearbeitung nach der Rechtschreibreform freigibt, erscheint dann eben nicht in den Handreichungen für Lehrer oder sonstwo. Texte von Franz Kafka werden für den Schulgebrauch – denn sie sind frei, man kann über sie verfügen, das Copyright ist aufgehoben – nach dem neuen Regelwerk deformiert. Der Autorwille wird einfach ignoriert. Hier werden starke Pressionen praktiziert. Das wirkt aus der Schule in die Gesellschaft hinein. Es ist ein empörendes Element in dieser verlogenen Durchsetzungs-Strategie, wenn man erklärt: Das gilt ja nur für die Schule; ihr dürft alle weiterschreiben, wie ihr wollt. Der Konformismus wichtiger Printmedien und Verlage beweist uns das Gegenteil. Und wer Kinder hat und ihnen bei der Rechtschreibung etwa helfen will, der muß sich eben an das halten, was die Schule lehrt. Oder soll etwa künftig die Umkehrung eines bekannten Satzes gelten: Wir lernen für die Schule, nicht fürs Leben? Im übrigen aber: Was soll eine Lehrerin machen, die nicht wissen kann, welche Auslegung des Reformtextes und welche Auflage des Duden gelten soll, die von 1996 oder die von 2001? Eine ganze Generation von Schülern wächst in dieser unsicheren Rechtschreib-Situation heran, das kann auf ihr Verhältnis zur deutschen Sprache nicht ohne Einfluß bleiben. Unsere Sprachkultur ist von vielen Seiten her in die Zange genommen, zu ihrer Verramschung aber haben die von ihrer eigenen Experten-Kommission irregeleiteten deutschen Kultusminister eine machtvolle Vorschubleistung erbracht.

Albert von Schirnding

Herr Illauer kann Ihnen ein Beispiel nennen, mit welchem Einschüchterungsvokabular Lehrer rechnen müssen, wenn sie gegen den Stachel lökken. Lesen Sie doch diesen kurzen Bescheid vor.

Wolfgang Illauer

Ich habe diesen Text aus dem Internet. Ein Lehrer hatte dem bayerischen Kultusministerium erklärt, er könne die Reform nicht unterrichten aufgrund seines Wissens und Gewissens. Und darauf bekam er von der Regierung von Unterfranken (Anmerkung: An sie wurde der Brief vom Ministerium geschickt, sie mußte stellvertretend antworten) die folgende Antwort. Ich zitiere: «Diese Erklärung steht im Gegensatz zu Ihrer sich aus dem Wesen des Beamtenverhältnisses als Dienst- und Treueverhältnis ergebenden Pflicht, sich bei Ihrer Amtsausübung den Richtlinien der Politik der parlamentarisch verantwortlichen Staatsregierung einzuordnen, und zwar auch dann, wenn sie Ihrer Überzeugung nicht entsprechen. Ihre Loyalität verlangt, dass Sie alle rechtmäßigen Weisungen der staatlichen Schulaufsicht befolgen und Sie es unterlassen, eigene, von den staatlichen Vorgaben abweichende Ansichten im Schuldienst zur Geltung zu bringen.» So geht man nicht mit Lehrern um, die Vorbilder für die Jugend sein und die Jugend erziehen sollen. Auch das Ministerium hat seine Treuepflicht verletzt, denn Treuepflicht ist etwas auf Gegenseitigkeit Beruhendes. Wenn das Ministerium uns befiehlt, Falsches zu unterrichten, dann verletzt es die Treuepflicht und zerstört das Vertrauensverhältnis. Es ist mir in fast vierzig Dienstjahren nicht passiert, daß ich Falsches unterrichten muß, falsche Etymologien, Grammatikfehler, unsinnige

Getrenntschreibungen und unsinnige Kommaregeln. Ich möchte den oben zitierten Text folgendermaßen kommentieren, eine kleine rechtsphilosophische Übung anstellen: Wann ist ein Gesetz oder eine Weisung rechtmäßig? Wenn zwei Voraussetzungen erfüllt sind:

1. Das Gesetz muß rechtmäßig in einem ordnungsgemäßen Verfahren zustande gekommen sein.
2. Es darf nicht im Widerspruch stehen zu übergeordneten Normen des Naturrechts.

Die Vorschrift, Minderheiten zu schikanieren, darf beispielsweise in keinem Gesetz stehen, und wenn sie drinsteht, dann gilt das Gesetz nicht. Ich wende diese Überlegung jetzt auf die Rechtschreibweisung an. Ob sie wohl rechtmäßig zustande kam? Ich brauche nur an die Fünfzig-Prozent-weniger-Fehler-Propaganda zu denken, dann kommen mir Zweifel. Ein Untersuchungsausschuß würde wohl Bedenkliches, ja Haarsträubendes zutage fördern. Es gab da sehr üble Tricks! Und zweitens: Teile der Reform widersprechen dem Naturrecht, in diesem Fall der richtigen Grammatik. Ich habe Hochachtung vor Frau Hohlmeier. Aber Frau Hohlmeier kann und darf mir nicht befehlen, Falsches zu unterrichten, zum Beispiel daß man «leid» groß schreibt in «du tust mir leid». Wenn jetzt die Frau Grammatica zur Tür hereinkommt und mir sagt, du darfst «leid» hier nicht groß schreiben, dann muß ich natürlich der Frau Grammatica gehorchen, nicht aber der Frau Hohlmeier.

Um einem Mißverständnis vorzubeugen: Diesen Brief habe nicht ich bekommen, sondern ein Kollege. Er hat ihn ins Internet gestellt, und ich habe ihn dort gelesen.

Albert von Schirnding

Ich will gar nicht nach der Treuepflicht und dem Loyalitätsgebaren unserer Akademie gegenüber dem bayerischen Staat fragen.

Herbert Rosendorfer

Ich wollte nicht den Eindruck erwecken, als hätte ich etwas anderes gesagt als Herr Krieger. Das Urteil des Bundesverfassungsgerichts (ich kenne übrigens noch schlechtere), sagt immerhin auch, daß die sogenannte Rechtschreibreform nicht allgemein verbindlich ist. Also Sie, wie Sie da sitzen, brauchen nicht wie das Kaninchen vor der Schlange vor dieser sogenannten Rechtschreibreform zu stehen und brauchen sich überhaupt nicht darum zu kümmern, was dieser komische Duden sagt, ob es nun der von 1996 oder der von 2002 ist. Ich habe den Duden immer schon für verwerflich gehalten. Wunderschön (ich kann es leider nicht wörtlich zitieren) hat Heimito von Doderer einmal gegen den Duden geschossen. Ich wollte nur sagen, daß man nicht wie ein Kaninchen vor der Schlange zu stehen braucht. Sie brauchen sich im Grunde nicht darum zu kümmern, was die sagen. Und daß das natürlich Auswirkungen hat, so wie bei den Zwangsbekehrungen. (Der zwangsbekehrte Jude, der zum Katholizismus bekehrt worden ist; und der andere sagt: Der wird doch nie ein richtiger Christ. Antwort: Nein, der nicht, aber seine Kinder und Enkel.) Aber wenn Sie sich bewußt sind (und das ist mit meiner überspitzten Formulierung «nicht einmal ignorieren» gemeint), daß das für Sie nicht bindend ist und daß niemand das Recht hat, Ihnen das vorzuschreiben, und wenn Sie sich nicht danach richten, sondern danach, was Sie selber für richtig halten, und «weitverbreitet» zusammen- oder auseinander schreiben oder «weit verbreiteter» schreiben (was ich für falsch halte; die Steigerung muß heißen «weiter verbreitet»), wenn Sie jedes Wort, das Sie schreiben, vor die Instanz der eigenen Sprachlogik stellen, dann halte ich es für richtig und dann glaube ich, daß die Sprache Selbstreinigungsfähigkeit genug hat, um diese Reform letzten Endes durch die Macht des Faktischen zu Fall zu bringen oder zumindest zurückzudrängen.

Hans Krieger

Da muß ich jetzt sofort widersprechen. Die Selbstreinigungskraft der Sprache ist natürlich da, aber sie braucht unsere Hilfe. Wir müssen Entscheidungen treffen. Und natürlich haben Sie recht: Mir als Journalist kann zum Beispiel niemand vorschreiben, in der neuen Rechtschreibung zu schreiben. Nur, Schreiben heißt für einen Journalisten wie für einen Schriftsteller: gedruckt werden. Und gedruckt werde ich eben von fast keiner deutschen Zeitung in der einzig vernünftigen, sinnvollen Schreibung, sondern ich werde gedruckt in einer Schreibung, die mir dann manche Wörter verstümmelt, so daß ich die eigentlich nicht mehr verwenden kann. Nun stand in dem Urteil des Verfassungsgerichts ausdrücklich drin: Niemand ist außerhalb des schulischen Bereichs und der Amtssprache gezwungen, sich nach der neuen Schreibweise zu richten. Das war sogar die entscheidende Begründung, denn damit konnte das Gericht sagen: Da ja niemand gezwungen wird, ist auch niemand in seinen Rechten verletzt. Nur, wenn man sich mal genau anguckt, was das tatsächlich heißt: Das würde darauf hinauslaufen, daß wir eine eigene Rechtschreibung für die Schule haben, die nicht übereinstimmt mit dem, was in der allgemeinen Gesellschaft gilt. Das heißt, die Kinder würden also an der Gesellschaft vorbei in eine Phantasiewelt hinein erzogen. Das wäre ein so massiver Eingriff in Persönlichkeitsrechte, nicht zuletzt auch in Elternrechte, daß es keinen Augenblick verfassungsrechtlich haltbar wäre. Hier hat sich das Gericht selber in dieser Schlinge gefangen. Also, die Rechtslage ist total widersprüchlich, sie ist absurd widersprüchlich. Und was nun die von Herrn Illauer erwähnten obrigkeitsstaatlichen Druckmittel angeht: Obrigkeitsstaatliche Strukturen haben ja immer zwei Seiten. Da ist eine Obrigkeit, die unterdrückt, und es ist unten eine Untertanenmentalität, die nicht aufmuckt. Gott sei Dank gilt das ja nicht generell; es gibt ja welche, die aufmucken, aber viel zu wenige. Es ist zum Beispiel unvorstellbar, daß so etwas in Frankreich gemacht werden könnte, das eine ganz andere liberale Tradition hat als wir und auch ein ganz anderes Verhältnis zu seinem sprachlichen Erbe, und daß die Lehrer sich dem beugen würden. Das gäbe einen kollektiven Aufschrei, und die Reform wäre im Nu erledigt. Auch in Deutschland hat es etwas Vergleichbares noch nie gegeben. 1876 gab es in Preußen einen Versuch einer Reform. Das waren Kinkerlitzchen im Vergleich zu den Hämmern, die heute gekommen sind. Und damals hat der preußische Kultusminister (von Falk hat er geheißen) angesichts der massiven Ablehnung in der Bevölkerung – und vor allem bei Intellektuellen – die Reform von sich aus zurückgezogen. Die Reform von 1901/02, die immer angeführt wird, das waren minimale äußerliche Retuschen, fast nicht mehr als die Beseitigung des «th» in Wörtern wie «Thür» oder «Thor» oder «That», also in allen deutschen, nichtgriechischen Wörtern. Das war damals immerhin der Kaiserstaat, der autoritäre Staat. Ausgerechnet in der Demokratie, als die wir unseren Staat bezeichnen, wird zum ersten Mal ein solch massiver Eingriff in die Substanz der Sprache wirklich durchgesetzt. Nur einmal ist das versucht worden, das war während des Zweiten Weltkrieges. Es wurde dann durch einen Führerbefehl zurückgestellt, weil man angesichts der Kriegslage weiß Gott dringendere Sorgen hatte. Immerhin hat damals Joseph Goebbels, der Reichspropagandaminister, nach dem Abblasen der Reform in sein Tagebuch geschrieben: «Das war das Dümmste und Anmaßendste, was wir uns geleistet haben.»

Albert von Schirnding

Ich habe noch einige Wortmeldungen. Danach würde ich dann die Runde bitten, nochmals präzise zu sagen, wo man was dagegen machen kann, wo man als Partisan auftreten kann, wo man sabotieren kann usw., damit wir ein paar konkrete Hinweise mitnehmen können und nicht wieder sagen müssen: Es war ja eine sehr schöne Veranstaltung, aber was wird sich denn jetzt ändern?

Reiner Kunze

Im Vorwort zum Wahrig-Universalwörterbuch Rechtschreibung, dtv 2002, schreibt Peter Eisenberg: «Es gibt in der jetzigen Situation keine Möglichkeit mehr, zur alten Rechtschreibung zurückzukehren, ohne erneut eine Lawine von Kosten zu verursachen und eine ganze Schülergeneration zu verunsichern.» Dazu zwei kurze Anmerkungen:

1. Die «Lawine von Kosten» entsteht so und so, denn es sind «weit gehende Eingriffe in das Regelwerk» und die Revidierung zahlreicher Schreibweisen angekündigt. Die Bücher müssen in jedem Fall neu gedruckt und die Computerprogramme entsprechend angepaßt werden.

2. Um die gegenwärtige Schülergeneration nicht zu verunsichern, müssen alle künftigen Schülergenerationen eine Rechtschreibung lernen, die der Sprache, ihnen selbst und der Gesellschaft zum Schaden gereicht. Das Argument, man könne, da man einmal das Falsche zu lehren begonnen hat, nicht mehr zurück und müsse nun auf Dauer das Falsche lehren, ist in meinen Augen kriminell.

Peter Horst Neumann

Wenn man das Dilemma bedenkt und sich fragt, wie kommen wir da wieder heraus, möchte man fast verzweifeln. Die politischen Strukturen der Bundesrepublik Deutschland wirken in einer verhängnisvollen Weise den Bemühungen entgegen, diese Mißreform aus der Welt zu schaffen. Dem Föderalismus ist hier eine verheerende Rolle zugefallen. Weil in den verschiedenen Bundesländern verschiedene Parteien regieren und die Kultusminister über ihre Ministerialen am Zustandekommen der «Reform» beteiligt waren, konnte es eine politische Opposition gegen dieses Regelwerk, von welcher Partei auch immer, nicht geben. Reiner Kunze hat darauf hingewiesen, wie gering die Beteiligung im Deutschen

Bundestag war, als für ein halbes Stündchen dieses Problem einmal auf die Tagesordnung kam. Es gab einen unausgesprochenen Parteien-Konsens, den jeweils eigenen Kultusministern nicht in den Rücken zu fallen. Dieser politische Konformismus hat sich mit den Konformismen auf anderen Ebenen multipliziert und bildet jene «träge Masse», gegen die man kaum ankommt, wenn man die Zurücknahme des fahrlässigen Regelwerks erreichen will. Man muß es aber erreichen wollen. Das ist die Situation.

Albert von Schirnding

Mir kommt diese ganze Reform als Parallelaktion zu dem vor, was heute teilweise mit der Natur geschieht. Man legt quer durch eine Landschaft eine Straße, so gerade wie möglich, damit die Autos möglichst schnell fahren können und möglichst wenig Unfälle passieren. Dann passieren sie eben doch; erst recht, wie wir von Herrn Illauer gehört haben. Oder wie man einen Fluß begradigt, mit den entsprechenden Folgen. Aus demselben Geist heraus kommen meines Erachtens die Motive bei den Reformern dieser Rechtschreibreform.

Herbert Rosendorfer

Ich habe auch den Eindruck, Herr von Schirnding, daß diese Reform letzten Endes auf das zurückzuführen ist, was Sie sagen: die Sucht der Vereinheitlichung, des Gradlinigmachens, des Stromlinienförmigmachens. Man will eine DIN-A4-Sprache schaffen. Und ich beharre darauf: Ich sage nicht, man soll sich nicht empören, man soll nicht schreien, man soll nicht ständig dagegen schimpfen, man soll nicht aufpassen und nachlesen, was da alles an Schweinereien passiert; das soll man schon. Man soll sich aber doch auch bewußt sein, daß man nicht daran gebunden ist. Ich bin da ein bißchen optimistisch. Wenn die Schriftsteller (und es scheint so) wirklich einheitlich diese Reform nicht mitmachen, dann glaube ich, daß die normative Kraft des Faktischen letzten Endes doch stärker ist.

Wolfgang Illauer

Ich möchte noch kurz etwas sagen zu den Zeitungen, die auf die neue Rechtschreibung umgestellt haben. Die Umstellung wurde mit folgendem Argument begründet: «Wir tun das der Schüler wegen, damit sie die Rechtschreibung sehen, die sie später dann auch immer brauchen. Wir wollen die Schule unterstützen.» Aber das ist ein Irrtum, denn wenn die Zeitungen so viele seltsame Großschreibungen und so viele seltsame Getrenntschreibungen bringen und neuerdings so viele haarsträubende Fehler (unlängst wurde in einem Presseartikel «familienfreundlich» so geschrieben: «Familien freundlich»), wenn die Schüler so etwas sehen in der Zeitung, dann öffnet das ja gerade die zwei Fehlerschleusen «falsche Großschreibung» und «falsche Getrenntschreibung»!

Ich hätte noch eine ganz dringende Bitte an die Presse: Ohne die Presse sind wir verloren. Wenn die Presse das Thema Rechtschreibreform nicht wieder aufgreift und wenn die Presse diese verrückten, unsinnigen Dinge, diese Grammatikfehler wie «so Leid es mir tut», «wie Recht du hast» und die falschen Etymologien nicht zurücknimmt, wenn die Presse nicht wieder zur alten Rechtschreibung zurückkehrt, dann sehe ich wenig Hoffnung, daß die Reformgegner der Vernunft und dem gesunden Menschenverstand zum Sieg verhelfen können. Übrigens, die alte Rechtschreibung hatte auch ihre Spitzfindigkeiten, ganz klar. Aber die angeblich 57 Kommaregeln haben wir nie gelernt, diese Regeln haben uns nie belastet. Da wurde von einer Belastung gesprochen, die nur in der Phantasie der Reformer existierte und nicht in der Schulwirklichkeit, und man nahm sie als Vorwand, um diese seltsame Reform durchzusetzen. Mein Appell an die Presse: Bitte, schreiben Sie vernünftig und vermeiden Sie wenigstens die Exzesse der neuen Rechtschreibung!

Reiner Kunze

Ein letztes Zitat. Im Anschreiben zum dritten Bericht der Zwischenstaatlichen Kommission heißt es, man wolle «die Entwicklung weiter beobachten». Das bedeutet, noch ein paar Jahre Fakten entstehen zu lassen, die die Rückkehr zur bewährten Rechtschreibung immer schwieriger machen werden, das Sprachbewußtsein noch mehr abstumpfen zu lassen und den Widerstand auszusitzen. Man baut auf Gewöhnung und Resignation. Am Schluß soll es heißen: Die Reform hat sich durchgesetzt.

Ich unterbreite einen Kompromißvorschlag. Das, was geschehen müßte und geschehen könnte, wenn genügend Vernunft zu genügend Macht gelangte, wäre, die Reformschreibung als «vorübergehend gleichberechtigt» anzuerkennen, damit keinem, der sie gelehrt bekommen hat und nicht zur bewährten Rechtschreibung zurückkehren möchte, ein gesellschaftlicher Nachteil entsteht, ab der ersten Klasse des neuen Schuljahres aber wieder die Rechtschreibung zu unterrichten, die bis 1998 galt, und diese von neuem als offiziell zu deklarieren. Das Eingeständnis, einen Irrweg gegangen zu sein, würde die Glaubwürdigkeit der Kultusministerkonferenz wiederherstellen. Danach sollten die Rechtschreibregeln auf ein Niveau gebracht werden, das dem Leistungsvermögen der Sprache entspricht.

Hans Krieger

Herr Illauer hat eben von den Spitzfindigkeiten der alten Rechtschreibung gesprochen. Darauf möchte ich ganz kurz eingehen. Das Paradebeispiel dafür war ja immer: «radfahren» in einem Wort, «Auto fahren» getrennt und «Auto» groß. Wenn man sich den alten Duden mal ansieht, der bis 1996 gegolten hat, dann wird da auf eine Regel verwiesen, Regel 207. Dort steht: Man schreibt getrennt, wenn man mehr an den Gegenstand denkt, und zusammen, wenn man mehr an die Tätigkeit denkt, zu der der Gegenstand benutzt wird. Der Fehler der alten Rechtschreibung war eigentlich ein Fehler der Darstellung im Duden, wo diese Regel nicht immer konsequent angewendet wurde. Eigentlich hat es niemals eine strenge Verpflichtung gegeben, «radfahren» zusammen und «Auto fahren» getrennt zu schreiben, sondern es war dem Sprachempfinden oder der stilistischen Absicht des Schreibenden anheimgegeben. Das scheint mir der Musterfall einer vernünftigen, zweckmäßigen orthographischen Regel. Diese wieder einzuführen ist keine Frage des Könnens, es ist eine Frage des Wollens. Ich möchte an dieser Stelle meinen Dank an die *Frankfurter Allgemeine Zeitung* aussprechen, die im Jahre 2000 diesen Willen bewiesen hat, zum Bewährten, als sinnvoll Erprobten zurückzukehren, und die aus der Einheitsfront der deutschen Presse ausgeschert ist. Das war ein großer Dienst an der deutschen Sprache, und wir sollten nicht müde werden, auch von den anderen Zeitungen in Deutschland den gleichen Schritt immer wieder zu verlangen.

Wenn das ein paar hundert Leser tun, wird es vielleicht keine Wirkung haben, aber wenn die Leserbriefe waschkörbeweise ankommen und immer wieder kommen, von Zehntausenden, dann werden sich die Zeitungen dem nicht entziehen können. Das ist ein kleiner Ansatzpunkt. Und wenn erst einmal die Zeitungen wieder vernünftig schreiben, dann wächst die Chance, daß vielleicht auch die Kultusminister ein Einsehen finden. Auf jeden Fall ist wichtig festzuhalten: Die Rückkehr zur alten, zur bewährten Schreibung ist die Lösung und nicht etwa ein weiteres Herumflicken an der Reform, die wir haben. Das geht erstens deswegen nicht, weil sie ja nicht im einzelnen Fehler hat, sondern sie ist im Ansatz falsch, sie ist in der Gesamtstruktur falsch. Das kann man nicht korrigieren, indem man Einzelheiten ändert, sondern man muß das Gesamtsystem von Grund auf neu erarbeiten. Und nun überlegen Sie sich einmal, wie lang da eine Kommission dran arbeitet. Selbst wenn es jetzt gelänge, das der Zwischenstaatlichen Kommission, die wir im Augenblick haben, zu entreißen (was dringend nötig wäre) und eine neue Kommission zu besetzen – die würde jahrelang daran arbeiten. Während wir jetzt schon wieder auf den alten Duden zurückgreifen könnten mit diesen kleinen, behutsamen Änderungen, daß wir erstens einmal eine Generalklausel drin haben «In nicht klärbaren Zweifelsfragen entscheidet das Sprachgefühl» – was etwas anderes ist als Beliebigkeit –, und daß wir zum Beispiel solchen vernünftigen Regelungen wie im Fall von «radfahren» und «Auto fahren» wieder die richtige Aufmerksamkeit verschaffen, dann wäre das Problem gelöst. Und wie Herr Kunze schon zur Frage der Kosten sagte: Kosten entstehen auch bei der Reform der Reform, wahrscheinlich in einigermaßen gleicher Höhe. Wenn es aber darum geht, den dauerhaften Schaden von der Sprache abzuwenden, der dadurch entsteht, daß das sprachlich Falsche, das Grammatikwidrige Generationen von Schülern eingetrichtert wird, dann darf uns keine Milliarde Euro zu teuer sein, um diesen immensen materiellen Schaden abzuwenden.

Peter Horst Neumann

Ich wollte jetzt eigentlich nur noch «J'accuse» rufen, sage aber doch etwas mehr. Nämlich: daß es jemanden wie Kurt Reumann bei der *Frankfurter Allgemeinen Zeitung* gab, der die Redaktion davon überzeugen konnte, daß es vernünftig sei, zur alten Rechtschreibung zurückzukehren; und daß es den Weilheimer Lehrer Friedrich Denk gibt, der nach Frankfurt fuhr, um die deutschen Schriftsteller und Verleger zu mobilisieren (er ist heute unter uns) – sie haben mit Zivilcourage und aus Verantwortung für die deutsche Sprache etwas getan, das uns Mut machen sollte. Mich beeindruckt auch die Weisheit des Vorschlags, den Reiner Kunze heute abend vortrug. Wer die Situation begriffen hat, in die wir mit der deutschen Rechtschreibung geraten sind, und wer vielleicht nicht frei ist von Mitschuld an ihrem Zustandekommen, der müßte diesem Vorschlag zustimmen können. Für dessen Verbreitung sollten wir uns einsetzen. Im übrigen aber: «J'accuse».

Albert von Schirnding

Erwarten Sie jetzt kein Schlußwort oder Schlußzitat, denn ich will ganz bewußt das Gespräch offenlassen. Wir wollen ja weitermachen. Sie alle wollen und sollen weitermachen; denn einen Schlußstrich unter die Geschichte zu ziehen würde genau das bedeuten, was die sich wünschen, die sich mit der Reform identifizieren. Herr Kunze hat das ja einleuchtend dargestellt: die Ausbreitung von Gewöhnung, Resignation, und irgendwann rührt sich dann einfach kein Widerstand mehr. Wir wollen weiter Widerstand leisten. Ich danke Ihnen allen, daß Sie gekommen sind, daß Sie uns haben spüren lassen, wie sehr Sie engagiert sind in dieser Sache.

Und das gibt auch ein wenig zu hoffen.

Dichter in der Tinte

FORSCHUNGSGRUPPE DEUTSCHE SPRACHE E.V.

Rechtschreibreform – eine Bilanz

SIEBEN JAHRE NACH DEM BEGINN der orthographischen Umstellung in den Schulen und Behörden und vier Jahre nach der Umstellung der meisten Zeitungen und vieler Zeitschriften lassen sich die praktischen Folgen der sogenannten Rechtschreibreform einigermaßen überblicken.

1. *Verlust der orthographischen Einheit*

Die vielleicht wichtigste Folge ist nicht auf den ersten Blick zu erkennen: In den Schulen wird zur Zeit eine Rechtschreibung unterrichtet, die außerhalb der Schule niemand zur Gänze anwendet. Weder die Zeitungen noch die Reformer selbst haben zum Beispiel die neue Kommaregelung übernommen. Nur in Schul- und Kinderbüchern kommt sie zur Anwendung. Das bedeutet: Eine ganze Generation von Schülern lernt nicht mehr, die Kommas so zu setzen, wie es die

Sprachgemeinschaft für richtig hält. Dieser Schaden ist auch in Jahren kaum wiedergutzumachen. Hierzu einige Beispiele aus umgestellten Kinder- und Schulbüchern:

> Wir treffen uns gegen fünf Uhr bei ihr um alles wegen heute Nacht zu besprechen. *(Andreas Steinhöfel: Beschützer der Diebe, München: dtv 1998, S. 156)*
>
> Einige baten mich in ihr Haus zu kommen um nach einer kranken Alten, einem Kind oder einem Knecht zu schauen … *(Hans-Dieter Stöver: Die Akte Varus, München: dtv 1997, S. 288)*
>
> Da haben wir in Anbetracht unserer höchsten Milde und im Hinblick auf unsere immerwährende Gewohnheit allen Menschen Verzeihung zu gewähren geglaubt diese Nachsicht auch auf die Christen ausdehnen zu müssen. (*Geschichtsbuch 1, Berlin: Cornelsen 1997, S. 193*)

Eines der Hauptprobleme deutscher Schulkinder ist der PISA-Studie zufolge das Erfassen und Verstehen von Texten. Die neue Zeichensetzung kann dieses Problem nur verschärfen. Bezeichnend ist der Beschluß der deutschsprachigen Presseagenturen vom Januar 1999: «Die Agenturen bleiben bei der alten Form der Zeichensetzung, um die Lesbarkeit ihrer Nachrichten … zu gewährleisten.»

Auch die Kleinschreibung fester Begriffe *(erste Hilfe, schwarzes Brett)* wird von den Agenturen nicht befolgt, obwohl die neuen Regeln sie eindeutig vorschreiben. Ferner wird das Du in Briefen weiterhin meistens groß geschrieben, nur die Schule lehrt das Gegenteil. Bei der Silbentrennung ist die Abtrennbarkeit einzelner Buchstaben *(O-blate, Buche-cker)* vollkommen durchgefallen, ebenso das geradezu aberwitzige Zerhacken von Fremdwörtern *(Demok-ratie, Hämog-lobin)*. Andere Neuschreibungen werden ohne ausdrückliche Distanzierung praktisch ignoriert – *Spagetti* und *Jogurt* sind nirgends zu kaufen. Auch liest man weiterhin *auseinandersetzen* (statt *auseinander setzen*), *Ewiggestrige* (statt *ewig Gestrige*) usw. – Kurzum: Die Kluft zwischen Regelwerk und Schreibwirklichkeit ist größer denn je, und das genaue Gegenteil des angeblichen Reformzwecks ist eingetreten.

Außer der Spaltung zwischen Schulschreibung und Erwachsenenorthographie ist eine Aufsplitterung der Rechtschreibung in unterschiedliche «Hausorthographien» zu beobachten – ein Rückfall in den seinerzeit vielbeklagten Zustand vor der Erringung der Einheitsorthographie (also vor 1901). Die *Zeit* hat sich eine eigene Regelung entworfen, die zum Teil weder mit der «neuen» noch mit der «alten» Rechtschreibung übereinstimmt.

Die *Neue Zürcher Zeitung* wendet allenfalls die Hälfte der neuen Regeln an. Die *Frankfurter Allgemeine* ist 2000 unter dem Beifall ihrer Leser nach einem Jahr zur bewährten Orthographie zurückgekehrt, ihrem Beispiel folgte inzwischen das im Rowohlt Verlag erscheinende *Kursbuch*, andere Kultur- und Literaturzeitschriften wie *Akzente, Lettre International, Sinn und Form* und *Merkur* haben die Reform von vornherein ignoriert.

Durch die im Gang befindliche Reform der Reform wird sich die Vielfalt der Schreibweisen noch einmal steigern. Im neuen dtv-Wahrig-Wörterbuch stimmen die orthographischen Vorgaben des Wörterverzeichnisses nicht mit denen des Regelteils überein (vgl. *Berliner Zeitung,* 2.9.2002). In den Programmen renommierter Verlage (C. H. Beck, S. Fischer u. a.) finden sich Neuerscheinungen sowohl in «neuer» wie in «alter» Rechtschreibung. Die Rechtschreibkommission hat mittlerweile eingestanden, daß die Umsetzung der Reform auf um so größere Schwierigkeiten stößt, je höher die Qualität der betroffenen Texte ist. Die *Neue Zürcher Zeitung* (30.10.2001) kommentierte diesen Tatbestand wie folgt: «Was nützen Schreibregeln, zu denen sich unsere Literatur als Ausnahme verhält?»

Die Einheitlichkeit der Orthographie ist dahin und wird sich auf Grundlage der Neuregelung nicht wiederherstellen lassen.

2. Fehlende Akzeptanz

Eine repräsentative Erhebung der Zeitschrift *Hörzu (Nr. 35/2002)* zum Sprachgebrauch von 18- bis 45jährigen Deutschen ergab, daß 2/3- bis 4/5-Mehrheiten an den bewährten Schreibweisen festhalten. Ganze 2 Prozent der Befragten entschieden sich angesichts der Frage «Wenn Sie an die Umsetzung der neuen Rechtschreibung denken, was meinen Sie?» für die Antwort: «Eine gute Sache. Vor allem die Kinder lernen vieles leichter.»

Das Vordringen von Reformschreibungen beruht also zum weit überwiegenden Teil nicht auf Überzeugung der Schreibenden, sondern auf Zwängen und Vorgaben – dienstlichen Anweisungen ebenso wie Voreinstellungen der gängigsten Textverarbeitungsprogramme. Die Akzeptanz der neuen Rechtschreibung ist seit ihrer Einführung nicht gestiegen, wie Umfragen des Allensbach-Instituts belegen. Seit 1997 verharrt der Anteil derjenigen, welche die Rechtschreibreform befürworten, bei 10 Prozent. *(Allensbacher Jahrbuch für Demoskopie 11, 1998–2002, S. 172)* Günter Grass hat das deutliche Resultat der jüngsten Erhebung vom April 2002 wie folgt kommentiert: «Eine Rückkehr zur alten Rechtschreibung entspräche dem wohlbegründeten Willen der Mehrheit der Bürger.» *(Focus, 5.8.2002)*

Von einem «wohlbegründeten Willen» kann die Rede sein, weil die neue Rechtschreibung der bewährten in vielfältiger Weise unterlegen ist. Besonders augenfällig und schwerwiegend sind die grammatisch falschen Schreibweisen, die sich als zwingende Folge der neuen Regeln ergeben, vor allem durch die vermehrte Groß- und Getrenntschreibung: *so Leid es mir tut, wie Recht du doch hattest, Hilfe tut Not, noch tief schürfender, das bei weitem nichts Sagendste, am Schwindel erregendsten* usw.

> Aus der Sache kann nichts werden – so Leid es mir für dich tut. *(Michael Ende: Wunschpunsch, Stuttgart: Thienemann 1997, S. 91)*
> Aber nichts gibt ihm so Recht wie diese blühenden Ost-Landschaften im Netz. *(Die Welt, 16.10.2002)*
> … das vielleicht Aufsehen erregendste Gerichtsverfahren in der Justizgeschichte der Hansestadt. *(Die Welt, 16.10.2002)*
> Handlungen und Gedanken, die dann sehr Zeit raubend werden … *(Nürnberger Nachrichten, 15.10.1999)*

Inhaltlich wichtige Unterscheidungen sind vor allem durch die forcierte Getrenntschreibung unmöglich gemacht worden:

> Wie sich schon früher die Menschenaffen und die Menschenvorfahren auseinander entwickelt hatten … *(Geschichtsbuch 1, Cornelsen 1997, S. 16;* in Wirklichkeit geht es darum, daß sich Affen und Menschen nicht *auseinander entwickelten* – die einen aus den anderen –, sondern *auseinanderentwickelten* – in verschiedene Richtungen!)
>
> «[Der Nobelpreis für Günter Grass] war wohl verdient» *(Joachim Kaiser in der Süddeutschen Zeitung, 1.10.1999*; gemeint war *wohlverdient!)*

Hierher gehört auch die unsinnige Beseitigung von Allerweltswörtern wie *sogenannt, nichtssagend* und *Zeitlang* (durch Auflösung in zwei Wörter). Andere Neuschreibungen sind unästhetisch und schwer lesbar *(Nussschokolade, Kammmolch, Messergebnis, Brennnessel* usw.) oder unfreiwillig komisch:

> Mit einigen für sein Alter und seine Figur erstaunlich behänden Sprüngen entschwand er über die Straße in die Alma Mater. *(Süddeutsche Zeitung, 16.2.2002)*
>
> Mitten im Winter rüttelt ein Herbststurm an der Hand voll roter Klinkerhäuser. *(Die Zeit 11/2002)*

Diese funktionalen Mängel haben zur Folge, daß zum Beispiel Journalisten entweder nicht mehr das schreiben, was sie eigentlich schreiben wollen, oder in Kauf nehmen müssen, als sprachlich inkompetent zu erscheinen.

Es genügt eigentlich, die Erklärung zu zitieren, die im April 1998 von 600 deutschen Professoren der Sprach- und Literaturwissenschaften unterzeichnet wurde:

> Die sogenannte Rechtschreibreform «entspricht nicht dem Stand sprachwissenschaftlicher Forschung» (so die Deutsche Gesellschaft für Sprachwissenschaft am 3. März 1998); sogar die Rechtschreibkommission der Kultusminister hat in ihrem Bericht vom Dezember 1997 «wesentliche Korrekturen als unumgänglich» bezeichnet. Eine derart fehlerhafte Regelung, die von den bedeutendsten Autoren und der großen Mehrheit der Bevölkerung mit guten Gründen abgelehnt wird und die Einheit der Schriftsprache auf Jahrzehnte zerstören würde, darf keinesfalls für Schulen und Behörden verbindlich gemacht werden.

4. Erschwerung des Schreibens

Die Neuregelung ist schwerer zu erlernen als die bisherige. Damit hat sie ihren Hauptzweck verfehlt, denn die «Erleichterung» des richtigen Schreibens war ja das oberste Ziel der Reformbestrebungen gewesen. Das Regelwerk ist aber umfangreicher als bisher und so schwer zu durchschauen, daß selbst die professionellen Orthographen nicht damit zurechtgekommen sind. Die Folge sind bekanntlich zahlreiche Auslegungsdifferenzen in den Wörterbüchern und eine unübersehbare Zahl von Fehlern in sämtlichen Zeitungen, Lehrwerken, Kinderbüchern usw. Auch in der Schule werden jetzt mehr Rechtschreibfehler gemacht, allerdings streichen die Lehrer kaum noch an, weil sie selbst verunsichert sind und außerdem angewiesen wurden, die bisherigen und sämtliche – auch untereinander widersprüchlichen – neuen Schreibungen gleichermaßen gelten zu lassen.

Hier zwei Beispiele für die Kompliziertheit der neuen Regeln:

a) Regel: Substantivierte Adjektive werden groß geschrieben: *des Weiteren, des Öfteren* … Ausnahme: nach Präpositionen ohne Artikel klein: *bei weitem, seit kurzem* … Ausnahme von der Ausnahme: *in Folgendem, auf Deutsch, in Grau* … Ausnahme von der Ausnahme von der Ausnahme: *grau in grau, schwarz auf weiß* …
b) die schwierige neue Kommaregelung: *Hier fällt es schwer, zu schweigen.* (Komma nach hinweisendem *es* obligatorisch!) *Hier gilt es den Mund zu halten.* (Kein Komma nach nicht-hinweisendem *es* nötig!)

Es ist unübersehbar, daß die «neue» (eigentlich auf das frühe 19. Jahrhundert zurückgehende) *ss*-Schreibung – die übrigens grundverschieden von der Schweizer Schreibweise ist – überall zu einer großen Zahl neuartiger Fehler führt: *dreissig, heiss, aussen, Strasse* usw. Wie die Sprachwissenschaft zeigen kann, wird sich daran auch nie etwas ändern; es handelt sich nicht lediglich um ein Übergangsphänomen. Entsprechendes gilt für die allgegenwärtigen Fehler im Bereich der Groß- und Kleinschreibung sowie der Getrennt- und Zusammenschreibung. Die allgemeine Erschwerung ist sogar zugunsten der Reform ins Feld geführt worden: «Die Neuregelung der Rechtschreibung bedingt, dass für jeden – Lehrer und Schüler – der Umgang mit einem Rechtschreiblexikon selbstverständlicher sein muss denn je.» *(Handreichung des staatlichen Instituts für Schulpädagogik und Bildungsforschung, München 1996, S. 41)* Vor der Reform war aber gerade verheißen worden, durch die Vereinfachung könnten unzählige Schulstunden eingespart werden!

5. *Die schleichende Reform der Reform*

Die schweren Mängel der Reform und die schlechten Erfahrungen mit ihrer Durchsetzung haben es notwendig gemacht, eine «Reform der Reform» vorzubereiten. Bereits im Dezember

1997 legte die Zwischenstaatliche Kommission ein Bündel von Korrekturvorschlägen vor, welche sie als «unumgänglich notwendig» bezeichnete. Die Kultusminister und das Bundesinnenministerium untersagten jedoch jede Änderung und sorgten dafür, daß das unkorrigierte Regelwerk am 1. August 1998 in Kraft trat. Inzwischen ist aber die «Reform der Reform» offiziell angekündigt. So teilte der Berliner Schulsenator mit: «Dass die Umsetzung der Neuregelung in den Schulen besondere Probleme mit sich bringt, ist allen Beteiligten bekannt.» Es sei die Aufgabe der Zwischenstaatlichen Kommission, «die Umsetzung der Neuregelung kritisch zu begleiten und Änderungsvorschläge zu erarbeiten, die dann in eine Reform der Reform eingehen werden» *(Auskunft vom 6. Juli 1999).*

Mittlerweile ist der Rechtschreibkommission auch noch ein Beirat zur Seite gestellt worden. Dieser «Beirat für deutsche Rechtschreibung» wird nur von Deutschland getragen; in Österreich hat man wiederum einen eigenen Beirat installiert. Es ist allerdings kaum anzunehmen, daß eine «Räteherrschaft» den Weg aus der orthographischen Krise weisen wird.

Durch die Reform der Reform werden alle neugedruckten Wörterbücher usw. zu Altpapier, und die Kosten der Rechtschreibreform fallen ein zweites, ja inzwischen drittes Mal an. Schon jetzt sind mindestens 10 Millionen Wörterbücher überholt, da sie die neuen Regeln in großem Umfang fehlerhaft anwenden. Als im März 1999 die zweite Auflage des Bertelsmann-Wörterbuchs erschien, sagte ein Verlagssprecher: «Damit haben wir ein Wörterbuch, das dem amtlichen Gebrauch der nächsten zwei, drei Jahre entspricht.» Das sind die aktuellen Verfallszeiten der deutschen Orthographie!

6. Kosten

Die Reform hat enorme Umstellungskosten verursacht. Ein Teil davon (für Anschaffungen und Nachschulungen in Unternehmen usw.) ist von der Steuer abgesetzt worden, so daß dem Staat erhebliche Einnahmeverluste entstanden sind. Allein die Umstellung der Schulbücher kostete nach Angaben der Verleger etwa 300 Mio. DM zusätzlich, denen jedoch keine Erhöhung der tendenziell sogar sinkenden Lehrmitteletats gegenübersteht. Selbst große Verlage wie Brockhaus-Langenscheidt sind wegen ihrer Spezialisierung auf den lexikographischen Bereich in Schwierigkeiten geraten. Ein Teilbereich des Brockhaus-Verlags ist bereits an Bertelsmann verkauft worden.

Das Mißverhältnis von Kosten und Nutzen der Reform ist inzwischen auch von volkswirtschaftlicher Seite untersucht worden. Ein Hauptergebnis lautet: «Infolge der Rechtschreibreform müssen die Bundesbürger wesentliche Teile ihres Humankapitals abschreiben.» *(Manfred Tietzel/ Christian Müller: «Was die Rechtschreibreform kostet», Handelsblatt, 21.8.2001)* Einen erkennbaren Gewinn haben sie davon nicht, auch nicht auf längere Sicht. Inzwischen werden die bereits getätigten Ausgaben als beinahe einziges noch übriges Argument gegen eine Rücknahme der Reform geltend gemacht. Wobei man, wie gesagt, vergißt oder verschweigt, daß diese Reform unausweichliche Nachbesserungen, d. h. weitere Reformen und damit auch weitere Kosten, nach sich zieht.

7. Die deutsche Sprache im Abseits

Die deutsche Sprach- und Kulturarbeit im Ausland leidet auf mehrfache Weise unter der Rechtschreibreform: Zum einen fehlt an vielen ausländischen Schulen und Universitäten ebenso wie bei den Lernenden das Geld, die erforderlichen neuen Lehrmittel anzuschaffen. Zum anderen hat schon die bloße Nachricht von einer Rechtschreibreform dort erhebliche Irritation ausgelöst. Hinzu kommt ein unbeschreibliches orthographisches Durcheinander in den umgestellten Lehrwerken. In einigen Wörterbüchern des führenden Langenscheidt-Verlags finden ausländische Schüler nicht einmal mehr so geläufige Wörter wie *sogenannt* – sie sind nach dem Willen der Kultusminister abgeschafft. Wie muß es auf ausländische Deutschlernende wirken, wenn ihnen Schreibweisen als Fehler angestrichen werden, die sie in der gesamten seriösen Literatur finden und die auch zum Beispiel der Bundespräsident nach eigenem Bekunden weiterhin verwendet? Aber genau so müssen die Goethe-Institute und Auslandsschulen laut Anweisung verfahren.

8. Eine Notbremsung ist möglich

Eine Rücknahme der Reform würde, so heißt es, zu Lasten der Schüler gehen, die bereits seit Jahren in den neuen Regeln unterrichtet werden. (Die vorfristige Einführung der Reform zwei Jahre vor dem vereinbarten Termin hatte übrigens gerade den Zweck, Fakten zu schaffen.) Hier gilt es, die Proportionen zurechtzurücken: An den Grundschulen sind vom gesamten Rechtschreibwortschatz nur zwei bis drei Dutzend Wörter betroffen, fast alle wegen der ss-Regelung.

Nach einer offiziellen Übersicht des sächsischen Kultusministeriums handelt es sich nur um folgende Wörter:

> 1. Klasse: *muss;* 2. Klasse: *fasst, lässt;* 3. Klasse: *biss, isst, misst, nass, passt, riss, vergiss, wusste;* 4. Klasse: *Fass, floss, Fluss, frisst, goss, Nuss, presst, schoss, Schuss, schloss, Schloss, Schluss.*

Obwohl es angesichts dieser geringen Zahl einschlägiger Neuschreibungen kein Wunder wäre, wenn die Kinder sie «problemlos» lernten, zeigt die Schulwirklichkeit, daß gerade die «neue» (in Wirklichkeit alte, im Jahre 1902 in Österreich abgeschaffte) ss-Schreibung eine Fehlerquelle ersten Ranges ist.

Die Gewerkschaft Erziehung und Wissenschaft schrieb dem Bundesverfassungsgericht im November 1997: «Die GEW begrüßt den frühestmöglichen Vorgriff auf die Reform. Ein Unterrichten von Regeln, die in kurzer Zeit als überholt bezeichnet werden müssten, verstößt gegen die Würde der Lehrenden und der Lernenden.» Statt «Reform» müßte man nur einsetzen «Reform der Reform», um das Argument an die heutige Situation anzupassen.

Immer wieder wird gefragt: Wie ist es überhaupt zu den ungeheuerlichen Mängeln der Reform gekommen, obwohl doch, wie es heißt, führende Orthographieforscher jahrzehntelang an der Neuregelung gearbeitet haben? Die Erklärung ist sehr einfach: Die Reformer hatten eigentlich ganz andere Ziele. Sie wollten hauptsächlich – wie schon ihre Vorgänger von 1941 und 1956 – folgende Änderungen durchsetzen:

- Kleinschreibung der Substantive (dies vor allem! Noch zum Zeitpunkt der endgültigen Beschlüsse waren sie einstimmig der Meinung, die Kleinschreibung sei die beste Lösung)
- Tilgung aller Dehnungszeichen *(bot, jar* statt *Boot, Jahr)*
- Eindeutschung aller Fremdwörter *(apoteke, obergine, pitza)*
- Einheitsschreibung *das* (auch für die Konjunktion *daß*)
- Ersetzung von *ai* durch *ei (keiser)*
- Abschaffung vermeintlicher Ausnahmen wie zum Beispiel *apt* (Abt), *frefel* (Frevel).

Davon hat die Kultusministerkonferenz beinahe nichts zugelassen. Nur noch einzelne Schreibungen – *platzieren, Portmonee, rau, Tunfisch* usw. – zeugen von den ursprünglichen Plänen. Statt ihres radikalen Programms mußten die Reformer – wenn sie nach so vielen Jahren überhaupt noch etwas vorweisen wollten – eine Vorlage ausarbeiten, die in wesentlichen Punkten das genaue Gegenteil enthält, vor allem die exzessive Großschreibung, von der sich der führende Reformer Gerhard Augst schon 1974 ausdrücklich distanziert hatte. Die vielbelächelten volksetymologischen Einfälle des Siegener Professors *(einbläuen, schnäuzen* usw.) sind sogar erst nach dem letzten Zusammentreffen des internationalen Arbeitskreises in das Reformwerk eingeschmuggelt worden.

Was die hinter verschlossenen Türen tagende Rechtschreibkommission letzten Endes beschließen würde, konnte niemand – weder die Öffentlichkeit noch die Fachwissenschaft – rechtzeitig wissen. Darum ist es nicht wahr, daß die Fachgenossen oder gar andere Betroffene Gelegenheit gehabt hätten, sich zu den geplanten Neuerungen zu äußern. Vielmehr erschien die Vorlage mit knapper Wörterliste erst im Juli 1995, wurde aufgrund der Intervention des bayerischen Kultusministers, dem die Kleinschreibung des *heiligen Vaters* und 35 Fremdworteindeutschungen nicht gefielen, sogleich wieder zurückgenommen und kam ein Jahr später aufs neue heraus, und zwar zum gleichen Zeitpunkt, als auch mit der vorfristigen Einführung der Reformschreibung in den Schulen der meisten Länder begonnen wurde. Das Bertelsmann-Wörterbuch lag einen Tag nach Unterzeichnung der Wiener Absichtserklärung in den Buchläden, und auch die ersten umgestellten Schulbücher waren sofort greifbar.

Alles in allem handelte es sich um ein klassisches Überrumpelungsmanöver. Dementsprechend wurde wenig später der auf der Frankfurter Buchmesse 1996 artikulierte Protest der namhaftesten Schriftsteller deutscher Sprache einzig mit dem Argument zurückgewiesen, er komme «zu spät». Tatsächlich waren es zu dieser Zeit noch knapp zwei Jahre bis zur offiziellen Einführung der Neuregelung zum 1. August 1998.

10. Ein politischer Scherbenhaufen

Die Durchsetzung der Reform gegen den Willen einer großen Mehrheit der Bevölkerung hat der Demokratie Schaden zugefügt. Besonders kraß war der Fall Schleswig-Holstein, wo der gegen die Reform ausgefallene Volksentscheid nach nur einem Jahr vom Landtag annulliert wurde. Schon zuvor hatten die verantwortlichen Politiker ihre Zusage gebrochen, die Reform zurückzunehmen, falls sie in einem Bundesland scheitern würde. Die

Kieler Nachrichten resümierten (1.10.2002): «Mit dem Recht auf Volksabstimmungen sollte vor sieben Jahren eigentlich die Politikverdrossenheit abgebaut und die Bürgerbeteiligung gefördert werden. Doch die Erfahrungen haben oft mehr Frust als Lust auf die direkte Demokratie erzeugt.» Davon sollte niemand überrascht sein.

11. *Wie könnte die Orthographie der Zukunft aussehen?*

Die sogenannte «alte» Rechtschreibung hatte sich im Laufe der Jahrhunderte durch die gemeinsame Bemühung unzähliger Menschen zu einer außerordentlich leserfreundlichen Technik der Textgestaltung entwickelt. Ihren etwas bedenklichen Ruf übermäßiger Kompliziertheit, der sich im Werbespruch des Duden-Verlags «Den Duden braucht jeder!» widerspiegelte, verdankte sie einem vom Duden eingeschlagenen Irrweg. Als Antwort auf unzählige Fragen von Sekretärinnen und Lehrern hatte sich der Duden mehr und mehr auf Einzelwortfestlegungen eingelassen, die zwar eindeutig, aber nicht mehr lernbar waren und mit der Schreibwirklichkeit nur noch wenig zu tun hatten. Warum sollte denn *noch mal* und *ernst nehmen* nur getrennt, *radfahren* und *ernstzu-*

nehmend nur zusammen und der *schnelle* Brüter immer klein geschrieben werden? Niemand wußte es, und den Duden brauchte daher wirklich jeder.

Die Neuregelung ist als «Vereinfachung» verkauft worden, tatsächlich aber bringt sie nur ein neues System sprachferner Festlegungen. Die unterschiedliche Behandlung zum Beispiel von *Tipp* und *Trip, bankrott sein* und *Bankrott gehen, zusammenfügen* und *aneinander fügen* ist durch nichts zu rechtfertigen und kaum zu beherrschen. Die gegenwärtige Fehlerhäufigkeit ist keine Kinderkrankheit der Reform! Bevor man an eine Neuformulierung der orthographischen Regeln ging, hätte man empirisch feststellen müssen, wie in Wirklichkeit geschrieben wird – natürlich nicht von Kindern und «Wenigschreibern», sondern von Gebildeten und Professionellen. Dies hat auch der Deutsche Bundestag in seiner Resolution vom 23. März 1998 völlig richtig erkannt: «Der Staat ist darauf beschränkt, Verfahren zur Feststellung der tatsächlich verwendeten Sprache festzulegen.» Geht man so vor, läßt sich die tatsächlich geübte Rechtschreibung in wesentlich kürzerer und klarerer Form darstellen, als es der Duden bisher getan hat. Damit verschwindet dann jeder Reformbedarf, und die Bildungspolitik kann sich wieder ihren eigentlichen Aufgaben zuwenden.

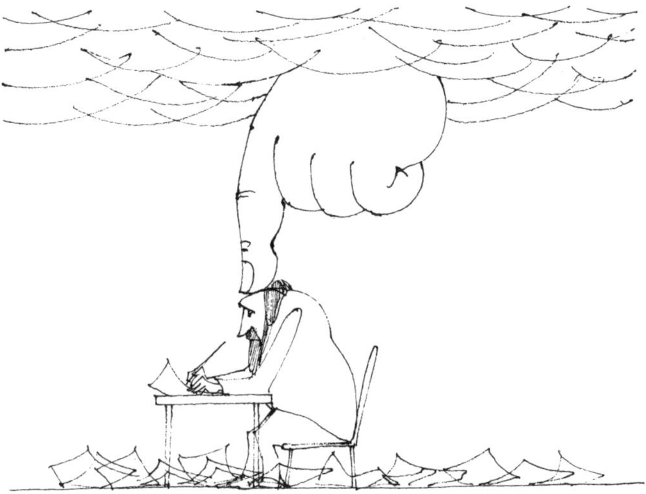

Der Kategorische Imperativ

Hans Krieger

Ein fauler Rechtschreib-Kompromiß

Die Deutsche Akademie für Sprache und Dichtung hat einen Friedensplan vorgelegt[1]

Wenn zweimal zwei nicht fünf ist, dann vielleicht doch, um des lieben Friedens willen, viereinhalb? Der Kompromiß ist oft der Weg der Vernunft, aber faule Kompromisse schaden der Sache. Einen Kompromißvorschlag im Dauerstreit um die Rechtschreibreform hat jetzt die Deutsche Akademie für Sprache und Dichtung vorgelegt, um verhärtete Fronten aufzulockern und die verlorengegangene Einheitlichkeit der deutschen Rechtschreibung wiederherzustellen. Die Chancen eines solchen Kompromisses, selbst wenn er ein fauler ist, sind gering; sie sind kaum größer als die des völligen Reformverzichts, denn auch der Kompromiß verlangt von den Machern der Reform und ihren politischen Vollstreckern

[1] Erschienen in der *Bayerischen Staatszeitung* vom 21. März 2003.

das Eingeständnis schwerwiegender Fehlleistungen. Und gering war auch die Chance, zu mehr als einem faulen Kompromiß zu gelangen, weil die Akademie weit entschiedener den Rechtschreib-Frieden als die Rechtschreib-Vernunft ansteuert und für diesen Frieden begrenzten Substanzschaden in Kauf zu nehmen bereit ist. Die Akademie strebt eine pragmatische Lösung an, versteht unter «pragmatisch» aber nicht optimale Zweckmäßigkeit für Lesende und Schreibende, sondern geringstmögliche Irritation beim halbherzigen Rückbau der Reform.

Von der Reformschreibung übernommen werden soll, was zwar ärgerlich und häßlich, aber «ohne nennenswerten Schaden hinnehmbar» ist – nicht ohne Schaden für die Sprache also, aber doch ohne «nennenswerten». Der «nennenswerte» Schaden soll durch die Beseitigung der «gravierenden Mängel» behoben werden. Dazu rechnet die Akademie die Streichung von Hunderten vertrauter Wortzusammensetzungen und damit den Verlust von Bedeutungsdifferenzierungen, Wortbildungsmustern und Ausdrucksnuancen.

Wieweit auch die eigens erwähnten Verletzungen des Gebots der «Ästhetik und Leserfreundlichkeit» dazu gehören und worin genau sie bestehen, ist schon nicht mehr ganz klar, und überhaupt nicht erwähnt werden die zahlreichen

Verstöße der Neuschreibung gegen die Grammatik. Ein gründliches Nachdenken über Ziel und Aufgabe einer vernünftigen und zweckmäßigen, also hinreichend differenzierten Schreibregelung ist der Kompromiß-Broschüre[2] nicht anzumerken. Sie nimmt die Reformschreibung als Gegebenheit, an der nicht zu rütteln ist, und will nur die ärgsten Auswüchse zurückstutzen, braucht sich also nicht aufzuhalten mit Kritik am verfehlten systematischen Ansatz (orientiert an der Fehlervermeidung beim Schreibenlernen, darum tendenziell leserfeindlich; erpicht auf abstrakten Regelformalismus, darum desinteressiert am Bedeutungsverständnis) und kann sich mit Nachkorrekturen im einzelnen begnügen.

Im Zentrum des Interesses steht die Regelung für Getrennt- bzw. Zusammenschreibung und für Groß- und Kleinschreibung, denn hier hat die Reform den größten Flurschaden angerichtet. Hauptautor Peter Eisenberg reitet sein begriffliches Steckenpferd, ohne daß hinreichend klar würde, wann und warum die Zusammenschreibung das vom Bedeutungsverständnis her Sinnvolle und als richtig zu Empfehlende ist. Im Wör-

[2] «Zur Reform der deutschen Rechtschreibung. Ein Kompromißvorschlag.» Herausgegeben von der Deutschen Akademie für Sprache und Dichtung. Wallstein Verlag, Göttingen. 144 Seiten. Broschur. 16 Euro (ISBN 3-89244-655-5)

terverzeichnis werden fast alle von den Reformern gestrichenen Zusammenschreibungen neben der ebenso zulässigen Getrenntschreibung zur Wahl gestellt; nur in wenigen Fällen wie etwa «kennenlernen» oder «spazierengehen», auch «alleinstehend», nicht aber «alleinerziehend», auch «krankschreiben», nicht aber «heiligsprechen» soll die zusammengeschriebene Version wieder die allein gültige sein. Sehr konsequent, sehr durchdacht wirkt das nicht.

Natürlich weiß die Rechtschreibkommission der Akademie, daß es nicht egal ist, ob man «notleidend» oder «Not leidend», «aufsehenerregend» oder «Aufsehen erregend», «weitreichend» oder «weit reichend», «wohltun» oder «wohl tun» schreibt; im Vorwort heißt es, mit dem Angebot von Varianten würden «mögliche Differenzierungen und damit Freiheiten des Schreibens» markiert. Das bleibt fahrlässig ungenau; präzisere Hinweise, nach welchen Kriterien die Wahl zwischen Alternativschreibungen zu treffen wäre, findet man nirgends.

Schon gar nicht findet man einen Hinweis, daß Zusammenschreibungen, mit denen ein neues Wort entsteht, einem Präzisierungsbedürfnis entsprungen sind, einer Entwicklungstendenz der deutschen Sprache entsprechen und erhebliche praktische Vorzüge haben (bei Adjektiven wie «aufsehenerregend» etwa Steigerungsformen und prädikativer Gebrauch; beides wäre bei Getrenntschreibung ungrammatisch) und darum im Zweifelsfall fast immer vorzuziehen sind. Merkwürdig, daß bei einigen Wörtern, etwa «freihaben», die von der Reform unangetastet gebliebene Zusammenschreibung zur Disposition gestellt wird, die durchaus sprachgerechte Schreibung «radfahren» aber nicht einmal als Variante wieder zugelassen werden soll. Zudem enthält das Wörterverzeichnis weit mehr sachlich schiefe bis eklatant falsche Angaben über die «alte» Rechtschreibung, als die intellektuelle Redlichkeit erlaubt. Im übrigen muß man im Duden von 1991 nur einmal nachlesen, wie zwischen «alles mögliche» (= vielerlei) und «alles Mögliche» (= alles, was nicht unmöglich ist) unterschieden wird, um zu erkennen, um wieviel weiter wir schon einmal gewesen sind.

Natürlich gilt auch für den Kompromiß, was schon für die Reform selber galt und zu spät erkannt wurde: erst ein fertig ausgearbeitetes Wörterbuch zeigt ganz, wie die neue Regelung im Detail aussieht. Auch die Kompromiß-Katze kaufen wir im Sack; neue Flickschusterei und neue Unstimmigkeiten sind zu erwarten. Inkonsequenzen und Widersprüche sind schon jetzt offenkundig. Sätze wie «so Leid es mir tut» oder «wie Recht er doch hat» soll es nach dem Willen der Akademie nicht mehr geben; die ebenso ungrammatischen Schreibungen «heute Morgen» oder «der 80-Jährige» sollen dagegen beibehalten werden – als ob es im Deutschen einen «Jährigen» gäbe, an den eine Zahlbestimmung ankoppeln könnte (der «80jährige» ist Kurzform für den «Achtzigjährigen», den man auch nicht mit Bindestrich und Binnen-Großbuchstaben schreibt).

Widersprüchlich ist auch die Haltung zur neuen ss/ß-Schreibung. Die Akademie will sie grundsätzlich als «Herzstück der Reform» beibehalten, trotz der klaren Erkenntnis, daß sie zu neuen und insgesamt mehr Fehlern geführt hat. Abweichend von der neuen Regel, daß nach Kurzvokal grundsätzlich «ss» steht, soll das «ß» dort wieder zu Ehren kommen, wo sonst «sss» zu schreiben wäre, und dies soll nicht nur für den «Mißstand» gelten, sondern auch für die «Streßsituation», wo das «sss» gar nicht droht, weil die Akademie grundsätzlich keine Dreifachkonsonanten zwischen Vokalen dulden will. Wir wären also nicht nur bei der Ausnahme von der Regel, sondern auch bei der Ausnahme von der Ausnahme, und der einzige kleine Vorteil der neuen ss-Schreibung, die Vereinfachung der Regel, wäre dahin.

Die wenigen Andeutungen zeigen: dieser unausgereifte Kompromißvorschlag bringt keinen praktischen Nutzen. Seine Realisierung erfordert nicht weniger, sondern eher mehr Umstellungsaufwand als die Rücknahme der Reform, für die kaum etwas neu zu erarbeiten wäre; behutsame Retuschen wären lediglich dort nötig, wo die vorbildliche Flexibilität der alten Duden-Regel durch zu starre Festschreibungen im Wörterverzeichnis verdunkelt wurde. Sehr viel verläßlicher aber führt der Reformstop wieder zu einer vernünftigen einheitlichen Schreibung.

Selbstverständlich müßte ein anderer Kompromiß sein, zu dem Reiner Kunze rät: eine großzügige Übergangsfrist, in der nach dem Reformstop die dann überholte Reformschreibung vorerst zulässig bleibt. Und ebenso selbstverständlich muß werden, daß Rechtschreibung kein Gradmesser für «Gebildetheit» ist, kein Instrument der Gängelung und Selektion. Sie hat spezifische Funktionen für spezifische Lebensbereiche und Kulturfelder, und nicht jeder muß ihre Feinheiten beherrschen. Aber diese Feinheiten bleiben lebensnotwendig für die Spitzenleistungen einer differenzierten Sprachkultur, die indirekt auch denen zugute kommen, die sie kaum erfassen und sich kaum für sie interessieren. Man versimpelt ja auch nicht Musikinstrumente, damit der Laienmusiker sich nicht vom genialen Virtuosen gedemütigt fühlen muß.

Ein Gutes immerhin hat der Vorstoß der Deutschen Akademie für Sprache und Dichtung: Er bringt die Rechtschreibreform wieder ins Gespräch, verschafft dem Thema wieder Aufmerksamkeit. Aber das ist auch schon alles.

Die Autoren

Paul Flora

Geboren 1922 in Glurns, im Südtiroler Vinschgau. Lebt und arbeitet auf der Hungerburg bei Innsbruck.

1927 Übersiedlung der Familie nach Innsbruck. 1942 schreibt sich Flora an der Münchner Kunstakademie in der Klasse von Olaf Gulbransson ein, die er aber nicht besucht. Kontakt zur Studentengruppe der «Weißen Rose». 1944–45 Militärdienst in Ungarn und der Slowakei. 1945 erste Ausstellungen in Bern und Innsbruck. Seit 1949 Mitarbeiter im Feuilleton der Münchner *Neuen Zeitung*. 1953 erste Veröffentlichung im Zürcher *Diogenes Verlag*, der noch viele Bildbände folgen sollten. 1957–71 Mitarbeiter der Hamburger *Zeit*, über 3000 Zeichnungen werden veröffentlicht, gleichzeitig entstehen viele private Arbeiten. 1983 Wahl zum korrespondierenden Mitglied der Bayerischen Akademie der Schönen Künste, München. 1997 «Floras Fauna», Retrospektive zum 75. Geburtstag in der Bayerischen Akademie der Schönen Künste, München. Flora hatte Ausstellungen in aller Welt und erhielt viele Auszeichnungen.

Die Abbildungen dieses Buches wurden mit freundlicher Genehmigung des Künstlers entnommen aus «Vergebliche Worte. Von Dichtern und Denkern», Diogenes Verlag 1981. (ISBN 3-257-00307-2)

Wolfgang Illauer
Geboren 1939 in Augsburg. Lebt in Neusäß-Westheim.

1959 Abitur am Gymnasium St. Stephan in Augsburg. Studium der Altphilologie und Germanistik in München. Seit 1972 Lehrer mit der Fächerverbindung Latein, Griechisch, Deutsch, Ethik am Gymnasium bei St. Anna in Augsburg.

Hans Krieger
Geboren 1933 in Frankfurt a. M. Lebt in München.

Studium der Germanistik und Romanistik in Frankfurt, München und Dijon. Seit 1959 Tätigkeit als Journalist, von 1962 bis 1998 Leiter der Kulturredaktion der *Bayerischen Staatszeitung*, daneben freie Mitarbeit bei Zeitungen, Zeitschriften und Rundfunkanstalten und Übersetzungen aus dem Französischen.

Auszeichnung: Friedrich-Märker-Preis für Essayisten, 1997.

Publikationen: *Gottverdauen – Ein Stimmengewirr*. Gedichte (1993); *Im Schattenschwarz deines Haars – Tag und Nacht der Liebe*. Gedichte (1995); *Der Rechtschreib-Schwindel – Zwischenrufe zu einem absurden Reformtheater* (1998, 2., stark erweiterte Auflage 2000); Blinzelblicke – Ein Frühjahr in Manhattan. Gedichte (2002); Wortschritte – Über Kunst und Politik, über Gott und die Welt (2003).

Reiner Kunze
Geboren 1933 in Oelsnitz/Erzgebirge. Lebt in Obernzell-Erlau bei Passau.

Schriftsteller. Studium der Philosophie und Journalistik an der Universität Leipzig.

Dr. phil. h.c. 1977 Übersiedlung aus der DDR in die Bundesrepublik Deutschland. Seit 1974 Mitglied der Bayerischen Akademie der Schönen Künste.

Jüngste Veröffentlichungen: *Wohin der Schlaf sich legt,* Gedichte für Kinder (1991), *Am Sonnenhang,* Tagebuch eines Jahres (1933), *Wo Freiheit ist* ..., Gespräche 1977–1993 (1994), *Steine und Lieder,* namibische Notizen und Fotos (1996) und *Die Aura der Wörter* (2002).

PETER HORST NEUMANN

Geboren 1936 in Neisse/Oberschlesien. Lebt in Nürnberg.

1955 Abitur in Aue/Erzgebirge (DDR). 1955–58 Studium der Musik, dann der Germanistik in Leipzig. 1958–60 Studium der Germanistik, Philosophie, Kunst- und Musikwissenschaft in Berlin (FU). 1960–65 Fortsetzung in Göttingen, Studienstiftler, Promotion (bei Walther Killy). 1965–68 Assistent in Erlangen, Sprecher der Assistentenschaft. 1968–80 o. Professor an der Universität Freiburg/Schweiz, Lehraufträge an den Universitäten Genf, Bern, Neuchâtel. 1980–83 o. Professor an der Universität Gießen. Seit 1983 o. Professor in Erlangen. Seit 1984 Präsident der Internationalen Eichendorff-Gesellschaft. Mitglied diverser Jurys und staatlicher Kommissionen. Eichendorff-Preis 1996 (für Gedichte). Nikolaus-Lenau-Preis 1998 (für Gedichte). Arbeitsgebiete: Deutsche Literatur von Lessing bis zur Gegenwart; Textvertonung (Klavierlied, Literaturoper); Wandlungen des Werkbegriffs; Das künstlerische Zitat.

Publikationen: *Jean Pauls «Flegeljahre»* (1966); *Wortkonkordanz zur Lyrik Paul Celans* (1968); *Der Weise und der Elefant. Brechtstudien* (1970); *Preis der Mündigkeit. Lessings Dramen* (1977); *Rettung der Poesie im Unsinn* (1981); *Franz Schubert, Goethe-Lieder* (1987); *Zur Lyrik Paul Celans* (2. Aufl. 1991); *Joseph von Eichendorff, Gedichte* (1997). Eigene Dichtungen: *Gedichte Sprüche Zeitansagen* (1994); *Pfingsten in Babylon* (1996); *Die Erfindung der Schere* (1999).

Über 80 Aufsätze in Fachzeitschriften und Sammelwerken. (Auswahl): *Singen als symbolische Handlung* (1980); *Zur Theorie des Zitierens* (1980); *Sinngebung des Todes als Gründungsproblem der Ästhetik* (1980); *Rilke und der moderne Fragmentarismus* (1984); *Heines Selbstverständnis als Deutscher und Jude* (1988); *Inspirations-Mythen im 20. Jahrhundert* (1990); *Wohin mit den Göttern? Antworten der Romantiker* (1992); *Wolfgang Hildesheimer und Stefan George* (1992); *Goethes Mittagsschlaf auf dem römischen Papstthron* (1992); *Ernst Jandl «bearbeitet» Rilke* (1995); *Über H.M. Enzensberger* (1995); *Trauer als Text. Uwe Johnsons Nekrologe* (1995); *Wilhelm Müller. Zur literarischen Wertung von Sangverslyrik* (1995); *Ingeborg Bachmann und Paul Celan* (1995); *Translatio und Transgressio. Günter Eichs Übersetzungs-Poetik* (1996); *Über Felix Mendelssohn-Bartholdy* (1997); *Staunen. Ein Gespräch über Religion und Phantasie* (2000); *Robert Schumanns «Faust»-Szenen* (2000). *Kommentare zur Lyrik Paul Celans «Die Niemandsrose»* (1984); *MH: Aurora-Jahrbuch der*

Eichendorff-Gesellschaft für die klassisch-romantische Zeit (1984ff.).

Herbert Rosendorfer

Geboren 1934 in Bozen. Lebt in St. Michael bei Bozen.

Nach einem Studium der Rechtswissenschaft trat er 1965 in den Dienst der Bayerischen Justiz und war ab 1967 Amtsrichter in München.

Seit 1977 Mitglied der Bayerischen Akademie der Schönen Künste, der Mainzer Akademie und Mitglied des PEN. 1999 Jean-Paul-Preis.

Zahlreiche Veröffentlichungen – Erzählungen, Romane, Essays: u.a. *Der Ruinenbaumeister* (1969, 1994); *Briefe in die chinesische Vergangenheit* (1983); *Der Traum des Intendanten* (1984); *Vier Jahreszeiten im Yrwental* (1986); *Don Ottavio erinnert sich* (1989); *Rom* (1990); *Mitteilungen aus dem poetischen Chaos* (1991); *Venedig* (1993); *Ein Liebhaber ungerader Zahlen* (1994); *Deutsche Geschichte. Ein Versuch* (1998); *Absterbende Gemütlichkeit* (1999); *Der China-Schmitt* (1999); *Die große Umwendung* (1999); verschiedene Theaterstücke und Drehbücher und eine historische Biographie *Der Prinz von Homburg*.

Albert von Schirnding

Geboren 1935 in Regensburg. Lebt bei München.

Studium der Klassischen Philologie und der Germanistik in München und Tübingen. Lehrer an einem Münchner Gymnasium und Literaturkritiker der *Süddeutschen Zeitung*. Seit 1983 Mitglied der Bayerischen Akademie der Schönen Künste.

Veröffentlichungen: *Falterzug*. Gedichte (1956); *Blüte und Verhängnis*. Gedichte (1958); *Bedenkzeit*. Gedichte und Prosa (1977); *Mit anderen Augen*. Gesammelte Gedichte (1986); *Am Anfang war das Staunen. Über den Ursprung der Philosophie bei den Griechen* (1978); *Die Weisheit der Bilder. Erfahrungen mit dem griechischen Mythos* (1979); *Linien des Lesens*. Literarische Porträts (1982); *Herkommen*. Erzählung (1987); *Begegnung mit Ernst Jünger* (1990); *Maske und Mythos. Die Welt der griechischen Tragödie* (1991); *Schneemanngedichte* (1992); *Posthornserenade*. Erzählungen (1992); *Zwölf neue Gedichte* (1995); *Alphabet meines Lebens* (2000). Übersetzungen aus dem Griechischen und Aufsätze in Zeitungen und Zeitschriften.

FORSCHUNGSGRUPPE DEUTSCHE SPRACHE (FDS)
Gegründet im Frühjahr 2002 in Frankfurt am Main. Sie hat sich zum Ziel gesetzt, einer zeitgemäß liberalen, wissenschaftlich fundierten und demokratisch legitimierten Orthographie zum Durchbruch zu verhelfen. Dabei will sie die Fronten zwischen gut gemeintem Dilettantismus und abgehobener, an fachexterner Kommunikation desinteressierter Wissenschaft aufzuweichen helfen. Der Widerstand gegen das Oktroi der «amtlichen» Rechtschreibung kann in dieser Hinsicht zugleich ein erster Versuch sein, die berechtigte Sorge vieler Menschen um ihre Muttersprache produktiv zu wenden, ohne populären Vorurteilen anheimzufallen.

Dem Beirat der FDS gehören an die Schriftsteller Walter Kempowski, Hans Krieger, Reiner Kunze,

Adolf Muschg, Sten Nadolny, Herbert Rosendorfer, Rafik Schami und Albert von Schirnding, der Übersetzer Burkhart Kroeber, die Sprach- und Literaturwissenschaftler Dieter Borchmeyer, Theodor Ickler, Helmut Jochems, Friedhelm Kemp, Werner von Koppenfels und Gustav Korlén, sowie die Germanistin und Beraterin von Wirtschaft und Politik Gertrud Höhler, der Emeritus für Arbeitsrecht an der Universität Konstanz Bernd Rüthers und der Präsident der Bayerischen Akademie der Schönen Künste Wieland Schmied.

Erschienen im Oreos Verlag GmbH.
Krottenthal 9
83666 Waakirchen
oreos@t-online.de
www.oreos.de

Gesetzt aus der Bembo-Antiqua
Papier: Holzfrei Werkdruck Alster
der Firma Ernst A. Geese, Hamburg
Herstellung und Gestaltung: Walter Lachenmann
Lektorat: Reinhard Markner und Wolfgang Wrase
Druck und Bindung: Auer, Donauwörth
Printed in Germany 2003
ISBN 3-923657-74-9